Mœbius 127

Mœbius 127

Novembre 2010

Comité de direction : Nicole Décarie, Robert Giroux, Lucie Bélanger, Lysanne Langevin et Raymond Martin.

Numéro piloté par Sophie Stern et Monique Le Maner

Illustrations : *Le Jardins des délices*, Jérome Bosch, (détails)
Maquette de la couverture : Raymond Martin
Mise en pages : Julia Marinescu

Dépôt légal, BAnQ et Bibliothèque et Archives Canada, 4e trimestre 2010

ISSN 0225-1582
ISBN : 978-2-89031-702-4

Les textes soumis à la revue ne seront retournés que s'ils sont accompagnés d'une enveloppe affranchie. La revue ne saurait endosser la responsabilité du contenu des textes qu'elle reproduit.

Mœbius est subventionnée par le Conseil des Arts du Canada, le Conseil des arts et des lettres du Québec, le Conseil des arts de Montréal et Patrimoine canadien.

Mœbius est membre de la Société de développement des périodiques culturels québécois.

Mœbius est distribuée au Canada par Dimedia, en Europe par D.N.M. (Distribution du Nouveau Monde) et ailleurs dans le monde par Exportlivre. Représentant éditorial en France : Fulvio Caccia

Mœbius paraît quatre fois l'an.

Mœbius
2200, rue Marie-Anne Est,
Montréal (Québec),
H2H 1N1, Canada
Tél. : 514.597.2335
Courriel : triptyque@editiontriptyque.com
Site Internet : www.revuemoebius.qc.ca

CONSEIL DES **ARTS**
DE **MONTRÉAL**

 Conseil des Arts
du Canada   Canada Council
for the Arts

Canadä

Québec

SOMMAIRE
Mœbius 127

Thèmes à venir (les dates sont sujettes à changements) :

n° 128 : *Arbres* piloté par Bruno Lemieux (complet) ;

n° 129 : *Le nu* piloté par Jean-Simon Desrochers (date de tombée : 1er décembre 2010) ;

n° 130 : *Réinventer le 11 septembre* piloté par Annie Dulong (date de tombée : 1er mars 2011) ;

n° 131 : *Passer l'hiver* piloté par Lysanne Langevin (date de tombée : 1er avril 2011).

Le Prix de la bande à *Mœbius* 2010

Le jury du Prix de la bande à *Mœbius*, composé cette année de Luc Courchesne, Michèle Pontbriand et France Théoret, a retenu comme finalistes les auteurs suivants :

- Monique DELAND pour «Tu divises l'espace» (*Mœbius* 123 «Filiation & Transmission»);
- Alain DENEAULT pour «L'économie de la haine et le complexe narcissico-casanier» (*Mœbius* 125 «La Haine»);
- Suzanne MYRE pour «Comment je suis devenue une *outsider*» (*Mœbius* 125 «La Haine»).

Le jury a également accordé une double mention spéciale à Domingo CISNEROS pour «La parabole» (*Mœbius* 124 «Amérindiens»), ainsi qu'à l'ensemble du numéro 124 «Amérindiens» (piloté par Christine Leroy).

Le lauréat recevra la somme de 500 $. Les trois finalistes se mériteront un abonnement d'un an à la revue.

Le Prix de la bande à *Mœbius* récompense l'auteur du meilleur texte paru durant l'année dans la revue.

*

N'hésitez pas à nous faire parvenir vos suggestions de thèmes et à nous proposer des textes qui sauront s'intégrer aux thèmes à venir (voir la page 4 ou le nouveau site Internet de la revue, www.revuemoebius.qc.ca). Le comité de rédaction attend également vos lettres! Adressez à votre écrivain préféré ou à celui qui vous intrigue particulièrement une lettre critique ou admirative d'environ cinq feuillets dans le cadre de la chronique *Lettre à un écrivain vivant*.

Présentation

Présentation

Automne 2009

Monique: Sophie, nous voici lancées dans l'aventure du «copilotage», d'un côté et de l'autre d'un gros océan. Cap sur le futur numéro de *Mœbius* «Dilemme». Question avant l'embarquement (décidément, on ne quitte pas une métaphore aussi facilement): pourquoi, puisque c'est toi qui l'as proposé, avoir choisi ce thème du dilemme?

Sophie: En effet, pourquoi? Sans doute parce que le pendant du dilemme, c'est le choix, et qu'il me semble être l'un des éléments moteur de nos vies: avoir plusieurs éventualités, et ne devoir en choisir qu'une, en se sentant coupé en deux ou en dix. Ça m'a semblé vraiment important et j'ai eu envie de savoir ce qu'en pensaient d'autres auteurs, et si pour eux aussi c'était fondamental.

M.: C'est vrai, le dilemme est fascinant par son omniprésence dans notre quotidien d'êtres seuls et de collectivités. Le pire est que la décision n'apporte rien de rêvé. Pas de choix totalement heureux, du moins sur le coup. S'il y a dilemme, c'est qu'il y a problème. D'ordre logique, abstrait ou totalement viscéral et vital ou masqué sous une allure pitoyable ou bouffonne, il est la tragédie ou la vanité du choix qui nous rattrape à chaque grand ou petit moment de notre existence.

S.: Alors allons-y. Larguons les amarres!

Hiver 2009-2010

S.: Monique, je viens de recevoir mon premier texte français et il est excellent. Quel bon présage pour notre numéro. Lis-le sans attendre, c'est «Tempo», de Christiane Rolland Hasler. Très original sur le fond et la forme. Et tu sais quoi, j'ai le pressentiment que ce sera notre texte d'ouverture.

M.: Oui, c'est très bon, «Tempo», et je suis d'accord pour lui donner une place de choix. Les textes arrivent plus nombreux. Dur d'exercer une « juste lecture » même si les critères balisent le jugement. Alors, on lit une fois ou deux, on se dit que pour juger, c'est trop tôt, on remet à plus tard. Bon d'accord, il y a des voix qui plaisent, d'autres moins… vraiment ? Pourtant, en relisant… Le bon vieux dilemme, il faut croire qu'il fait partie du voyage. En tout cas, il y a de la variété dans les formes et les contenus et ça me plaît beaucoup. Tu disais dans un de tes derniers messages que tu étais déçue de ne pas recevoir grand-chose sur le dilemme amoureux ?

S. : Ça vient. Le dilemme amoureux, une évidence non ? Pas forcément comme je l'attendais, formidable de découvrir d'autres sensibilités, et de se dire, ah oui, ça peut être cela aussi. « Premier janvier » de Véronique Papineau, si québécois à mes yeux, « Le cougar et l'himalayen » de Caroline Rivest où se décline la passion d'une femme pour un gamin de vingt ans, sans oublier l'étonnant « Le jour où Freud ferma boutique » de Michel Vignard, trois textes sur le désir, y succomber, y renoncer. Pour la variété, je te suis. C'est très étonnant, on lance un thème, on dit allez-y, mais dans sa tête on a des idées, des références, et puis voilà, nos auteurs s'emparent du dilemme et nous livrent ce qui les touche, ce qui les triture à l'intérieur. Vraiment beaucoup me surprennent, « La ville mystique » de Louise Cotnoir, où notre raison s'égare, « Une petite infirmité » d'Adriana Langer, attendrissant avec sa narratrice empathique et décalée, « Le dilemme du pont » de Viviane Campomar, une touche de sciences dans un monde de littérature, n'est-ce pas l'inverse d'ordinaire ?

Tu as noté ce thème récurrent, le dilemme vie / mort, des deux côtés de l'Atlantique, se tuer ou non, donner ou non la vie. Je pencherais bien avec toi pour « Le fragile équilibre des bêtes » de Renée Beaulieu, « L'imparfait de l'indicatif » de Francine Allard, et toi tu me suivrais pour « Action ! » de Frédérique Martin ?

« Nelly, Foucault et moi » d'Annie Cloutier, je t'avoue que ce texte m'a secouée. On lit une fois, trop déroutant, on n'aime pas vraiment, on réfléchit, on ne sait pas, ça fait du bien, ça fait mal, on est en plein dilemme, il faut relire, et là c'est magistral. Monique, j'ai une crainte, n'allons nous pas avoir trop de bons textes ?

M. : Ah, quand je te disais que lorsque le dilemme nous tient, il nous tient bien !

Printemps 2010

M. : La date de tombée des textes a été reportée au 15 avril. Et on dirait que le temps se resserre d'autant plus. La réception des textes étant terminée, notre paysage d'abord passablement flou, est de plus en plus au foyer. Nous y sommes, l'ancre est jetée. Mai s'amorce, puis juin, le début des premiers bilans, et voilà qu'on se retrouve avec des textes qu'on serait prêtes à abandonner comme un mauvais tuteur, d'autres auxquels on tient mordicus comme un parent adoptif possessif. Bref, tu as raison, l'heure d'un tableau Excel a sonné.

Eté 2010

S. : Eh oui, méthodes de travail efficaces, pas question de vous lâcher ! Excel, bien sûr, chacune sa colonne, oui, peut-être, ne sait pas, ne sait vraiment pas, et puis la colonne commentaires, et nos sensibilités qui se heurtent en douceur, sur le ton, la chute, un mot. L'avis de l'autre tempère le sien propre ou au contraire balaie l'hésitation, et nous tanguons au fil des vagues, il faut bien choisir, c'est cela, pas de dilemme facile. Pour contrebalancer, le bonheur de ces textes qui nous bouleversent, la poésie avec «Projette mon cœur» de Julie Fauteux ou «Ceviz» de Laurent Poliquin. D'autres encore qui nous mettent le cœur à l'envers, un texte pacifiste «L'ennemi» de Guy Lalancette, «Veille à voix haute» de Marie Parent, lequel, si tu es d'accord, clôturera ce numéro, ainsi nous aborderons les îles du dilemme de la naissance à la mort. Et l'humour enfin, même s'il est noir, surtout s'il est noir ! Je l'avais espéré et tu nous offres un texte de choix avec «Le poids des livres». «Mais où sont les neiges d'antan...» de François Lepage, «L'enveloppe» de Hugues Corriveau, sans oublier «Amour filial» de Caroline Legouix jouent eux aussi magistralement sur cette corde. Beaucoup d'inclassables, et cela me plaît, je n'aime pas les petites cases et je sens que toi non plus, «Le feu brûle» d'Israël Desrosiers et Renée Gagnon, le poétique «L'énigme de la salamandre» de Michaël La Chance en sont de singulières illustrations.

Mais ces textes qui nous ont touchées et que nous ne pourrons pourtant mettre dans ce volume, les porterons-nous comme de petites musiques intérieures en attendant que leurs mots soient imprimés sur d'autres pages, Monique, dis-moi ?

M. : Oui, sans doute. Tout cela est très bien dit, Sophie, je n'ai pas grand-chose à ajouter. Il est vrai que nous avons eu quelques échanges sur nos différends et préférences mais au final, voilà, je pense, un beau numéro. Tu as bien résumé les titres qui vont paraître. Il y a aussi ceux qui n'apparaîtront pas ici, l'espace étant limité, et qui resteront dans notre mémoire parce qu'ils ont étonné ou ému.

À toi, le mot de la fin ?

S. : L'aventure se termine et je sens déjà que nos courriels devenus quotidiens ces derniers temps me manqueront. J'aimais notre décalage horaire, découvrir tes mots au petit matin. Nous allons quitter le navire et laisser les lecteurs découvrir ces écritures.

En fin de compte, je crois que ton intuition du début s'est vérifiée : plus nous serons libres dans nos vies, plus le dilemme nous déchirera, en petits morceaux.

Monique Le Maner
Sophie Stern

Christiane Rolland Hasler

Tempo

Un grand battement fou m'enveloppe, linge tissé de sons et de souffles. Je me mets à vibrer à l'unisson. Que faire? Depuis quelque temps déjà je ne peux plus bouger, prisonnière d'un souple filet rouge et bleu. Je me débats. Le battement s'accélère. Dormir, je ne peux plus. Je ne me suis pas assez méfiée tant je n'ai goûté qu'au bien-être jusqu'à présent. Le temps a passé. Est-ce un piège? Voilà qu'on me veut déjà bouter hors de ma coquille.

Le devoir du souffle m'a été présenté dès le début, je l'admets. Brandi maintenant. Ça urge, il paraît. L'envie ne m'en est pas venue, je n'ai pas terminé mon étude. On me laisse si peu de temps.

C'est que l'enjeu n'est pas rien: descendre au milieu d'eux, leur présenter l'innocence. Une fois de plus.

Aujourd'hui, ce serait mon tour.

Ai-je bien toutes les cartes en main?

J'étudie les vieux vélins, j'écoute les voix du sang, on ne me trompera pas.

Je me demande pourquoi tant d'obstination de leur part. Ne sont-ils pas lassés de tant d'allées et venues? Les existences ne sont plus qu'une trame usée, usée et si ravaudée que même les Parques en perdent leur latin.

On me dit que je discute trop, que je n'ai qu'à me laisser faire. Halte-là! Nous n'en sommes plus là! Les temps ont changé. N'avons-nous pas nous aussi notre libre arbitre?

On ne s'exile pas de gaieté de cœur, quoi qu'ils en pensent. Même si la mission paraît exaltante. Mais à quoi bon. Tant d'autres avant moi s'y sont essayés, en vain.

C'est pourtant simple, me dit-on, agacé de mes hésitations. On a toujours fait ainsi. On s'est extirpé de la nuit des temps. Pas sans souffrance, bien sûr, pas sans échecs ni ratages douloureux. Mais avec vaillance. Et maintenant le jour promis est doux. Et l'on sait entretenir le feu qui éclaire et réchauffe.

Je ne réagis pas. Je trouve l'argument faible et peu fiable.

Alors ils injectent leurs grands mots, tentent la greffe des sempiternelles mêmes vieilles idées. De moi dépendrait l'avenir de la race ; sur mes fragiles épaules, mon dos pas plus large que la paume de mon père, reposerait tout leur Bonheur. (Et allons-y avec les majuscules.) Les voilà à s'incliner comme devant une idole. Je n'en demande pas tant. Ils m'effraient. Qu'est-ce qui se cache derrière leurs mots pointus ?

Je suis pour le moment petite et faible et sans pouvoir. C'est justement pour ça..., répondent-ils.

Ça ne va pas. J'ai besoin de plus de temps. Je n'ai pas terminé ma pesée des âmes, celles qui sont pour, celles qui sont contre. Cela les trouble. La vérité de l'os les dérange, en fait.

Leur ton change.

Promesses, promesses pour m'enjôler, me convaincre. Paroles de miel. Douces chansonnettes comme si j'étais un petit serpent timide lové en son panier et peu attiré par les blanches souricettes.

Mais ce qui me guette au-dehors, je m'en doute. Il me semble apercevoir l'éclat de la lame. Je vais être cueillie immédiatement, farcie de vent.

Alors, tant que je demeure hors de portée, je peux encore y songer, accepter ou refuser l'emploi.

Je trouve la mariée trop belle pour être honnête, tout à coup. Ne m'a-t-on rien caché ? Suis-je vraiment au courant de tout ? Des multiples cadavres dans les placards ?

Est-ce qu'on ne me dore pas un peu trop la pilule ?

C'est que je n'ai rien signé, moi.

Oh ! ça se met à grincer des dents, ça ricane. Ça s'envoie des fleurs. Belle moralité ! On sait de qui ça vient. Ha ! Ha ! (sous-entendus qui m'échappent).

Longs sanglots.

Je pourrais trouver, qui sait, une autre issue.

Gras éclats de rire.

Mais comment réfléchir avec ce battement fou? Cela fait tressauter tout mon être en cadence. Tempo entêtant, pour me mettre dans l'ambiance. Encore un moyen pour m'attirer dehors. Me placer sous la loi de la gravitation.

Est-ce trop demander que de rester en faction ici? Peut-on au moins l'envisager un instant? Sur mes doigts de nacre, je compte les avantages. Ce ne serait pas sans utilité pour la communauté.

Ha! Ha! Elle est bien bonne celle-là! A-t-on déjà entendu ça quelque part?

Ils m'interrompent encore. C'est une manie.

Je voudrais être prise au sérieux. Je veux faire entendre ma voix, manifester ma volonté. Le souterrain des origines pourrait me suffire.

J'y réglerai la circulation.

Tout plutôt que leur bêtise.

Et ils s'imaginent qu'ils font des progrès.

De son formidable talon le destin me pousse, me propulse. Je m'agrippe. Pourquoi m'extirper du paradis où je flotte bienheureuse? Je résiste. Surpris, hein? Pas habitués à ça. Bon sang! Qu'on me laisse décider de mon propre avenir, le rouge ou le noir, le mou ou l'acéré, le moelleux ou le râpeux.

Je me cabre. Je fais blocage.

Le battement fou redouble, il va tout faire exploser. Et moi avec. De ces coups je suis l'enclume. Quelle sorte de liberté sont-ils en train de me forger?

C'est du chantage.

Ils veulent maintenant savoir. Irai-je la tête la première? Glisserai-je sur la pointe des pieds, chevilles serrées, la tête encore posée sur le doux matelas sonore? On me somme de me prononcer: il faut installer les lumières, prévoir le costume. La caméra tourne déjà. Bigre! ça promet. C'est justement ça que je refuse, cette artificielle mise en lumière, ces cajoleries qu'on me fait miroiter. Respirer leurs odeurs, supporter leurs bruits. Troquer un domaine sans limite pour un peau à peau qui me répugne. Je crains ces vastes mains tendues, creusées en coquille et qui, peut-être, après, vont se refermer. Je me méfie de ces longs doigts agiles qui disposent d'un langage propre.

Heureusement, des prédécesseurs que j'ai croisés m'ont bien prévenue. Tout ça n'est que mise en scène et attrape-nigaud. Oh! ils en sont bien revenus, que de la misère et trente-six mille peines, matins chagrin et soirs désespoir, perdants à tous les coups. L'innocence fane vite et il faut tout recommencer.

Souviens-toi que tu as le choix, n'ont cessé de me répéter les aventuriers de la frontière, avant de s'engouffrer dans le tunnel, vers la lumière qui les aspire et d'où je viens, alors ne décide qu'en toute connaissance de cause.

D'ailleurs, qui sait, peut-être suis-je déjà passée par là, peut-être suis-je l'une d'entre eux, qu'on a décidé de réutiliser après reconditionnement et nettoyage général avec effacement définitif des données…

Une trace, néanmoins, une vague trace de mémoire, me fait hésiter sur le plat-bord.

De là, si ça se trouve, me vient cette méfiance, cette clairvoyance qui les étonne et qui me pousse à exiger que toutes les cartes soient mises sur la table. Et je veux voir aussi le dessous des cartes. Je veux les itinéraires, les plans de vol, les modes d'emploi. Les plans quinquennaux et les programmes. Les mots d'ordre. Qu'on éclaire les post-scriptum. Qu'on ne lésine pas sur les légendes et les notices explicatives. Je m'oppose à la mise en marche des mécanismes rudimentaires. Je refuse de déglutir. Je refuse de rendre quoi que ce soit, sous quelque forme que ce soit. Je ne veux pas être traversée par le trivial. Je ne veux être que pensée.

À l'heure qu'il est, je souhaite me détourner de la gloire promise, je penche pour la solitude, l'éternité de la solitude. Je me sens une vocation de sentinelle. Je suis de plus en plus tentée de demeurer ici, au bord de la mer, dans les odeurs d'iode et le bruit des vagues. Je devine déjà l'étendue d'un monde à dévoiler. Et je ne garderai pas pour moi mes découvertes, non.

Oyez! Me voici investie du rôle de prophète! Je ne saurais m'y soustraire.

Non, mais, on n'a jamais vu ça!

Il faudra qu'ils s'y fassent. Je ne serai pas la dernière à vouloir décider par moi-même dès le commencement.

Les voilà prévenus. Peuvent se concerter. J'ai la paix en attendant.

Soudain ils s'affolent.

Trancher? Quoi, trancher? Comme si c'était moi qui cachais une arme dans mon dos! Me prennent pour une buse.

Ils ont encore tant à apprendre. S'ils étaient seulement prêts à m'écouter.

Les battements, assourdis désormais, semblent me porter, me bercer. Pulsion envoûtante qui invite à fermer les yeux, à se laisser aller…

Il paraît qu'ils se sentent mal, que je serai responsable de ce qui peut arriver, que c'est un déplorable exemple que je suis en train de donner, que ce sont des vies qui se jouent tandis que Madame tergiverse.

Il y a des mots qu'on n'emploie plus.

Qui est anormal, dans cette histoire? Qui est le moins humain?

Voilà ce qu'on gagne avec de telles prétentions.

Des séquelles… Des menaces maintenant?

Je ne les entends plus.

Le battement ne produit plus que des sons étouffés, ir-réguliers, parfois il se précipite comme on jette une poignée de cailloux, parfois il semble s'être définitivement arrêté.

Silence.

Sont-ils toujours là? Je ne vois plus de lumière.

Sont-ils en train d'abandonner? Mais c'est à moi qu'appartient la décision, n'est-ce pas? Tentent-ils de me couper l'herbe sous le pied?

Et s'il était trop tard… La position qui me tente, et qui les bouleverse tant, est-elle sans eux intenable? Et si, sans interlocuteur, je n'étais plus rien… Je ne tiens quand même pas à me retrouver à la rue. Peut-être l'expérience vaut-elle quand même le coup d'être tentée avant que de m'en retourner. Ce serait trop bête… Qui sait, je pourrais bien m'en sortir.

Regardons les choses en face. Vous n'avez pas à multiplier les promesses, à les empiler les unes sur les autres comme des crêpes que vous saupoudrez tantôt de sucre tantôt de sel, au petit bonheur la chance. Il faut un peu d'ordre dans tout cela. Je veux juste que vous vous taisiez et me laissiez faire. Je veux assumer toute la responsabilité.

Car je ne suis pas sans bagage. Tenez-vous le pour dit.

Le cœur me bat soudain.

Il bat tout seul, bravement. Désormais, c'est moi qui mène la danse.

Tiens, je vous tends la main.

Alors admettez que cette question ne regarde que moi.

Naître ou ne pas naître.

Au Mont-Noir
Villa Marguerite Yourcenar
Septembre 2009

Guy Lalancette

L'ennemi

Il disait qu'il était allé à la guerre. Non, ce n'est pas ce qu'il disait. Il disait toujours qu'il avait fait la guerre.

Et moi, j'ai cherché la guerre sans la trouver pendant longtemps. Je pensais que faire la guerre c'était quelque chose comme faire la vaisselle avec Carmen, ma vieille sœur, ou faire les repas de ma mère qui me laissait parfois laver les carottes ; faire mon lit tout seul pour faire le grand comme on disait chez nous ; faire les commissions avec Bruno qui marchait trop vite et me trouvait embarrassant ; faire les devoirs de Raymond avec Raymond qui allait à l'école ou faire du bois pour l'hiver avec la scie, la hache et mon père où j'avais le droit de transporter une bûche à la fois – deux, c'aurait été trop lourd. Mais faire la guerre, c'était autre chose que je ne comprenais pas.

Il faut dire que j'avais quatre ans et que je n'avais encore jamais tué personne.

Mon grand-père s'appelait Nézime. C'est lui qui avait fait la guerre. Il vivait avec nous et il me disait souvent : « Mon p'tit gars, moi j'ai fait la guerre et j'en suis revenu. » C'est comme ça que j'ai compris que la guerre, c'était ailleurs. Mais où ? Mon grand-père allait au village tous les jours et il revenait seulement à l'heure du souper d'habitude. Moi aussi je suis allé au village parfois, surtout le dimanche quand il y avait une messe. Un jour, j'ai été au restaurant Sportman pour avoir un cornet de crème glacée au chocolat. Mais ça ne durait jamais toute la journée. J'ai bien cherché et je n'ai pas vu la guerre. J'ai pensé que j'avais peut-être mal regardé.

Quand je demandais à mon grand-père Nézime où il allait au village, il disait qu'il allait aux femmes et il riait pendant que ma mère lui faisait les gros yeux.

Je savais que des femmes c'était des filles mariées comme ma mère ou ma vieille sœur Carmen qui deviendrait une femme si elle arrivait à épouser un gars qui s'appelait Jérôme avec une moto, même si on n'avait pas d'argent pour les noces. Ma mère disait que de toute façon Carmen était trop jeune. C'est vrai que grand-père était vieux avec une barbe blanche. Même ma mère était vieille avec quatre enfants. D'être vieux, c'était peut-être mieux pour la guerre. Pendant un temps, j'ai pensé que faire la guerre c'était comme faire la noce d'un mariage.

Plus tard, quand j'ai eu un an de plus et un habit neuf pour faire la communion, mon grand-père Nézime a dit que pour faire la guerre, ça prenait un uniforme et un fusil. Pour le fusil, je savais ce que c'était. On en avait un pour les perdrix, les canards et les lièvres et un autre plus gros pour les orignaux. J'ai pensé que peut-être on pouvait en donner un à Carmen pour faire la guerre avec Jérôme. Mais l'uniforme, je ne savais pas ce que c'était avant que mon grand-père qui avait fait la guerre me l'explique. Il a dit que c'était un habit spécial fait exprès pour ça, la guerre, et que mon habit de communion c'était juste pour être beau. Puis il m'a amené dans sa chambre et il a ouvert sa garde-robe pour me montrer ses uniformes. C'est très compliqué, les habits de la guerre.

Il y en avait trois. Un drôle de vert qui s'appelait kaki avec des poches partout, une grosse ceinture kaki aussi avec des crochets, un béret presque comme celui de Chantale Huot, la folle d'à côté, mais avec une image sur le devant et kaki comme le reste, et une paire de bottes noires luisantes comme de l'eau. Il a dit que c'était sa tenue de campagne pour faire la guerre. Il m'a dit que tenue, ça voulait aussi dire uniforme. Mais la campagne, c'était dans le rang Sainte-Anne de l'autre côté du pont avec les vaches de mon oncle Rolland. J'ai pensé que si la guerre c'était à la campagne, c'est sûr que je n'avais pas pu la trouver au village.

Son deuxième uniforme avec moins de poches et plein de boutons en or était vert plus pâle, mais assez vert quand même. Il avait une ceinture noire avec des gros souliers luisants comme les bottes et une drôle de calotte pas de palette qui ressemblait à un hot dog aplati. C'était un peu comme l'habit du dimanche de mon père et il appelait ça une tenue de ville. Je n'avais jamais vu de vraies villes mais je savais que ça existait parce que j'avais vu des images dans des livres et les photos de mon oncle Jean et de mon oncle Mathieu qui restaient là. Et j'ai pensé qu'il y avait peut-être une autre sorte de guerre dans les villes qui n'était pas la guerre de la campagne. Et peut-être même que la guerre, c'était partout excepté au village.

Le dernier uniforme, c'était un vert presque noir avec une ceinture blanche, une chemise blanche aussi, une cravate et plein de dessins sur les manches et les épaules avec des franges de rideau. Il avait aussi une grosse calotte blanche qui est un képi et, sur la poitrine de la tenue, des rubans multicolores pour accrocher des étoiles et des ronds en tôle dorée qui s'appelaient des décorations ou des médailles de guerre, comme il a dit. Moi aussi j'avais des médailles, au moins deux : une de saint Joseph et une autre de saint Antoine, mon patron de baptême parce que je m'appelle Antoine. C'est ma mère qui les avait eues à l'église, les médailles. Pendant un temps, j'ai été content parce que j'ai cru que moi aussi j'avais des médailles de guerre. Mon grand-père a dit que cet uniforme-là, c'était sa tenue de cérémonie surtout pour aller au mess. Ça ressemblait au costume des gardes paroissiaux qui passaient la quête pendant l'église du dimanche et j'ai pensé qu'il s'était trompé et qu'il voulait dire : à la messe. Ça marchait bien avec les médailles, mais ça commençait à être compliqué.

Ce soir-là, j'étais mêlé et fatigué. Je ne savais plus où c'était la guerre, ni comment la faire, et je suis allé me coucher.

Le lendemain, mon grand-père a ouvert une malle au pied de son lit dans sa chambre. On aurait dit un coffre à jouets comme le mien, mais plus grand et brun. Ses jouets à lui, il a dit que ce n'était pas des jouets. Il m'a montré un couteau comme le poignard de Bruno, mais plus grand ; un drôle de chapeau comme un bol de cuisine pour mélanger les gâteaux ; une sorte de boule qu'il a appelée une grenade souvenir, une ceinture pour mettre des balles et surtout son fusil pour faire la guerre. C'était un fusil plus lourd qu'une bûche. Je le sais parce qu'il me l'a mis dans les mains pour me montrer à viser. Il a dit que pour faire la guerre il faut avoir du visou et qu'on n'est jamais trop jeune pour apprendre. C'est à ce moment-là que ma mère est entrée dans la chambre. Et on a eu la guerre.

Ma mère m'a arraché le fusil des mains et elle a crié après mon grand-père Nézime des insultes que je n'ai pas comprises. Mon grand-père a répondu qu'il faisait juste me montrer la guerre pour m'apprendre la vie. Ma mère a crié encore qu'on sera bien avancé quand j'aurai tiré sur les voisins ; que si c'était comme ça, que s'il aimait ça tant que ça, la guerre, il allait l'avoir, et pour de bon. Et on l'a eue. La guerre, c'est la chicane.

Après, mon grand-père est allé vivre chez ma tante Viviane, et ma mère m'a dit que mon grand-père Nézime ne se rendait pas compte et que la guerre c'était fait pour tuer du monde et que j'étais trop petit pour comprendre. Et moi j'ai compris qu'il faudrait que je grandisse pour tuer la folle à Chantale Huot, la voisine d'à côté qui me disait des noms et me garrochait des roches et des balles de neige. Et j'ai grandi, mais pas assez vite. C'est Bruno qui a tout eu.

Bruno, c'est mon vieux frère qui a quinze ans de plus que moi. Il a désobéi à ma mère et il a fait un soldat avec des habits quasiment pareils à grand-père qui était content. Quand il est parti pour faire la guerre, ma mère ne voulait pas. Mon père a dit qu'on ne pouvait rien faire parce qu'il avait la majorité, Bruno. Et quand on a la majorité, on peut faire ce qu'on veut. C'est très compliqué parce que pour avoir la majorité il faut être vieux comme pour la guerre.

La première fois que Bruno est revenu de la guerre (où il faut aller en avion et c'est sûr que je ne l'aurais jamais trouvée par ici), je l'ai écouté en cachette pendant qu'il racontait la guerre à mon grand-père Nézime chez ma tante Viviane où on était allé fêter Noël. Il a dit qu'il avait tué quatre ennemis. Les ennemis, c'est des personnes qu'il faut trouver pour les tuer, sinon on ne peut pas faire la guerre.

Bruno a dit aussi que son premier tué, il ne s'en était même pas rendu compte ; qu'il avait obéi et tiré des balles avec son fusil derrière un tas de sable. C'est son capitaine avec des longues-vues qui lui a dit bravo. Grand-père avait l'air un peu déçu mais il a dit : « C'est mieux que rien. » Ils ont quand même été contents et ils ont fait un toast de bière au premier tué de Bruno. C'est sûr que pour tuer une perdrix, il faut viser comme il faut, la suivre et tirer au bon moment, comme dit mon père. Mon père dit aussi que la chasse c'est pas si simple et que c'est sérieux. Peut-être que la guerre, c'est plus facile.

Après, Bruno a dit que ses deux autres tués, il les a eus avec une grenade. On aurait dit que ça ne comptait pas, parce que personne n'a fait de toast. J'ai été étonné parce que j'en ai vue une, une grenade, dans la malle de grand-père et c'est comme une grosse roche. Je trouvais que si Bruno avait tué deux ennemis avec une seule roche, ça devait être plus difficile qu'avec un fusil. Moi, j'en ai un tire-roche que je cache dans la shed à bois ; une fois j'ai tiré sur la folle à Huot et je l'ai manquée. Peut-être que ma roche était trop petite. En tout cas...

La meilleure histoire, c'est le quatrième tué. Bruno a dit qu'il se promenait avec son capitaine, qui est une sorte de chef, et le Peloton (je ne sais pas qui c'est, le Peloton) quand ils ont eu une embuscade. Une embuscade, c'est quand on est surpris. J'en ai fait une, une fois, à Chantale Huot avec une jambette et elle est partie chez elle en pleurant. Bruno a continué à raconter que le Peloton s'est mis à l'abri (peut-être qu'il avait peur) et que lui et son capitaine se sont séparés de chaque côté de la cabane où il y avait un ennemi. Il a dit Taliban parce qu'il devait savoir son nom. Après, ils ont attendu derrière des rochers. Mais avant, ils s'étaient dit des signes pour savoir quoi faire et, quand le capitaine a tiré sur la cabane avec son fusil, Taliban a levé la tête et c'est là que Bruno a tiré à son tour en plein dans la tête de l'ennemi. Il a dit juste dans l'oreille, tellement il l'a bien vu cette fois-là. C'était comme pour un orignal. Mon père dit que pour tuer un orignal, il faut l'attirer avec un bruit qu'il reconnaît et que là, quand il se montre, il faut vite lui tirer une balle dans la tête. Le mieux, c'est dans la tête. Autrement, il faut lui courir après pour le finir et ça peut être long et fatigant.

En tout cas, après l'histoire de Bruno, ils ont fait au moins trois toasts d'honneur et grand-père a dit qu'il était fier. Il a dit aussi que Bruno recevrait certainement une décoration qui s'appelle l'étoile de quelque chose que je n'ai pas compris, surtout s'il tue un autre ennemi qui serait le cinquième. C'est comme en première année à l'école avec madame Claire qui colle une étoile d'or sur notre page si on écrit cinq lignes de lettres sans faute.

Ça faisait seulement deux semaines que Bruno était reparti faire la guerre quand on a reçu une nouvelle. Après, ma mère et mon père sont allés chercher Bruno dans un

aéroport. Je l'ai vu avec mon grand-père Nézime à la télévision quand il est sorti de l'avion dans une boîte parce
qu'il était mort avec une balle d'un ennemi, Bruno.

Plusieurs jours après, on est allé au cimetière avec ma
mère, mon père, Raymond, ma vieille sœur Carmen et
son Jérôme et grand-père. On aurait dit aussi que tout
le village était là, et même Chantale Huot qui est moins
idiote qu'avant. C'était pour l'enterrement de Bruno. Il
y avait plusieurs soldats habillés en cérémonie et un qui
avait une trompette, mais grand-père a dit que c'était un
clairon. Je pense que grand-père a dû être content parce
qu'un capitaine de l'armée (l'armée, c'est comme ça qu'on
dit pour la guerre) s'est avancé pour donner une décoration de médaille en étoile à Bruno parce qu'il avait tué un
autre ennemi, je pense. Mais comme Bruno était mort,
il l'a donné à mon père. Il a dit que c'était une médaille
pour les héros de guerre morts au combat. Grand-père, je
l'ai vu, a pleuré un peu. C'est certain que Bruno aurait été
content de la voir, la médaille, mais il était dans le cercueil
qui descendait dans un trou pendant qu'un soldat jouait
de la musique avec son clairon. Après, les autres soldats
ont tiré des coups de fusil dans les airs comme s'ils voulaient tuer des perdrix.

Maintenant, j'ai six ans et demi et je sais que faire la
guerre c'est tuer des ennemis. Mais je ne comprends pas
pourquoi ils ont tué Bruno qui n'était pas un ennemi, ça
c'est sûr.

Je pense que pour que ça marche comme il faut, la
guerre, il faut décider : ou bien on fait un soldat ou bien
on fait un ennemi. Moi, je voudrais bien faire un soldat
comme Bruno et grand-père Nézime pour faire la guerre
quand je vais être vieux, mais si les ennemis ont des fusils
aussi, je trouve que c'est pas juste et que c'est difficile de
choisir. En plus, peut-être que les ennemis ont des plus
gros fusils. Mais grand-père dit qu'ils n'ont pas d'uniforme
et, moi, je voudrais bien en avoir un, un habit d'uniforme
de guerre avec des médailles pour les morts.

Véronique Papineau

Premier janvier

En me rendant au party de Jean, j'avais marmonné une petite prière : «S'il vous plaît, faites que Théo et moi, on ne couche pas ensemble.» Pas parce que je n'en avais pas envie, mais plutôt parce que j'avais grandi avec la certitude que la fornication avec des personnes casées, c'était le début de la fin.

Même si cela faisait un an, jour pour jour, qu'on s'était embrassés sous le gui et qu'on avait fini la nuit chez moi, nos vêtements éparpillés dans les poils de chat et les enveloppes de capotes, ce n'était pas une raison pour recommencer. J'avais toujours cru à l'erreur et à un remords évident de sa part quand il s'était sauvé, à 7 h du matin, juste avant que je sois malade et que je vomisse dans mon lit, entre les deux oreillers, parce que les hop hop hop de nos ébats et la vodka ne faisaient sans doute pas bon ménage. Je l'imaginais penaud et anéanti de regrets après avoir trompé sa belle blonde brune, se prenant la tête à deux mains lorsque le souvenir rejaillissait et jurant sur la tête de quelqu'un (sa mère ?) de ne plus jamais boire comme un cochon. Il l'a sûrement regretté, oui, sûrement. Mais ça n'a pas duré.

Près d'un an plus tard, à l'Halloween, en quittant le bar où nos amis et nous-mêmes étions réunis, il m'avait donné dans le cou, juste sous l'oreille, là où les amis ne s'embrassent pas, un baiser tendre plus long que court, alors que sa belle blonde brune, présente pour une fois, venait juste de me saluer et qu'elle était là, à moins d'un mètre de nous, à dire au revoir à quelqu'un d'autre. Cette bise délinquante aurait pu être traduite ainsi : «Je te veux encore et sitôt que j'en ai la chance, je te *swing*.» Je n'arrêtais pas de me répéter qu'il ne fallait pas, que j'allais probablement payer pour ça. Après tout, l'an dernier, cinq mois après notre nuit illicite, j'avais bien été attaquée par un camion de pompiers qui m'avait mordu le pied, avait salopé mon été, que j'avais presque tout passé en béquilles, et qui m'avait traumatisée à vie, alors que lui avait embouti un autobus de la Ville avec sa voiture et s'était cassé le nez sur le volant. Si les deux événements ne s'étaient pas produits la même semaine, je n'y aurais sans doute pas vu de corrélation, mais là, j'étais presque forcée d'admettre : on nous punissait à retardement pour nos égarements. Et le pire, le pire de tout, c'était que je nous savais capables de recommencer. Malgré cette épée de Damoclès suspendue au-dessus de nos têtes et cette presque certitude que quelqu'un quelque part nous avait à l'œil. Et merde.

Dans l'autobus qui m'amenait chez Jean, j'ai essayé de chasser de mon esprit le souvenir du plaisir lubrique de ma bouche sur la sienne. Je m'étais au moins promis de ne pas faire l'agace, de me tenir loin, d'être polie, mais sans plus. Ne pas tenter le démon du cul.

Quand il est arrivé, pourtant, célibataire pour un soir, encore, sa belle blonde brune qui détestait le nouvel An, les party où la moitié des garçons montraient leurs fesses et les flûtes d'anniversaire en moins, j'ai donné des ordres à mon cœur : « Arrête, arrête, arrête de me faire ça ! Tu ne peux pas te braquer contre mes principes ! Tu fais chier, t'es pas correct. Tu m'écœures ! » Et lui répondait, comme une chanson de Boris Vian : « Fais-moi mal. » Cœur vengeur, cœur rongeur. J'ai compris que je ne pouvais faire confiance à personne.

Il était bobo-chic, *cute* à souhait dans sa chemise noire et son pantalon gris, et mon organe de malheur claironnait : « C'est pour toi, *principessa*. »

Depuis l'Halloween que je peaufinais un stratagème peu louable afin de planifier notre sortie incognito : une fois la chose entendue entre nous, j'appellerais un taxi, saluerais la compagnie et m'effacerais dans les premières heures de l'année. Puis je demanderais au chauffeur de se garer un coin de rue plus loin et d'attendre. Dix minutes plus tard, Théo s'éclipserait à son tour des festivités et viendrait me rejoindre dans ce taxi adultère. Je devais bien l'avouer : il y avait quelque chose d'excitant à manigancer pour la plus mauvaise des raisons du monde.

Malgré tout, avant minuit, je me suis raisonnée encore et encore. J'ai fumé quelques clopes, j'ai talonné le buffet choix santé (chips, olives farcies, saucisses à cocktail), j'ai eu des conversations rythmées par les verres de bulles avec tous les autres convives. Mais j'avais des flash-back insidieux qui me harcelaient, dissipaient ma concentration... Un an plus tôt, on s'était embrassés dans le taxi, on s'était embrassés en sortant du taxi, on s'était embrassés devant la porte de mon building, on s'était embrassés dans le corridor de mon building, on s'était embrassés dans l'entrée de mon appartement, on s'était embrassés sur le divan, enroulés dans nos manteaux, on s'était embrassés dans mon lit. On avait frenché comme des malades. On s'était adonnés à la chose durant des heures, sans se lasser, sans se laisser. Impossible de séparer nos langues. Deux moules soudées l'une à l'autre. Il avait un mini tatouage sur le torse, une sorte de reptile avec une mince et longue langue rouge sortie de la gueule. Sa peau, toute sa peau, avait une odeur étourdissante, au point où me la rappeler avec trop de précision me faisait presque tourner de l'œil. C'était peut-être la certitude de ne plus jamais avoir l'occasion de recommencer, ou bien les phéromones ou encore l'alcool, mais rarement j'avais ressenti un tel abandon en présence d'un garçon. Pas de maladresse, pas d'incertitude ou de crainte d'être nulle, c'était une baise tout ce qu'il y avait de meilleur. Une baise A+.

À minuit, on a sorti les feux de Bengale et on a compté à rebours. Je n'ai pas voulu regarder Théo, j'avais peur de ma propre expression à ce moment. Comme si ce décompte nous rapprochait davantage d'une possible récidive. Je tentais de garder le cap avec mes bons principes : ne pas faire une cocue de plus dans le monde cette année.

Après minuit, j'ai cru avoir un peu de répit quand le salon, devenu piste de danse, s'est enflammé. Une trêve pour mon esprit rebelle. J'étais loin de me douter que c'était le moment qu'il choisirait pour donner l'assaut. Je n'ai rien vu venir, pas même la chanson démodée de Nine Inch Nails. Théo s'est jeté sur moi avec la détermination du fourreur d'élite. « I wanna fuck you like an animal. »

La proximité de son corps de dieu que j'avais autrefois cru ne pas mériter, ses mains sur mes hanches et les paroles fredonnées dans mon tympan m'ont fait oublier mes petites prières catho, mes envies de bonté, ma morale et mon karma. Les battements dans ma poitrine se sont accélérés ; la circulation excessive dans mes veines m'a mis le feu aux joues. J'ai eu des réactions physiques qui laissaient croire que je succomberais et donnerais raison à mon ennemi du moment : mon désir. Mon châtiment s'étalerait certainement sur plusieurs vies.

Après avoir transmis son message et m'avoir enveloppée d'un regard pesant, chaud, Théo s'est éloigné. La tentation me voulait dans son cercle d'amis. Ça scandait entre mes poumons : « Baise-le ! Baise-le ! » Puis m'est venue la pensée : « Et si ce n'était pas mal ? » Et si cette incartade pimentait sa vie et le mettait dans une humeur formidable durant des semaines ? Et si, sans connaître le fond de l'histoire, sa belle blonde brune elle-même bénéficiait de ce ciel bleu ? Et tout ça grâce à moi ? Et si je me plaisais à m'embourber dans des histoires judéo-chrétiennes farcies de sanctions ? Et si nos accidents respectifs n'étaient après tout que le fruit du hasard ? Et si nous n'étions que des animaux répondant à de simples besoins naturels ?

Ce raisonnement à deux sous me prouvait que je ne cherchais qu'une façon de me donner la permission de faire ce que je voulais faire. Et que ce que je voulais faire au moment même, c'était embrasser Théo et vider la boîte de capotes qu'il y avait dans ma table de nuit. Et, tout à coup, embrouillée dans mes raisonnements, confuse par ce que je considérais comme le Bien ou le Mal, ma réflexion abîmée par le champagne, j'ai décidé de trancher et je me suis dit : « Donnez-moi un signe. » N'importe lequel, un signe, un tout petit signe qui dicterait ma conduite.

Et j'ai attendu, et j'ai gardé les yeux grands ouverts, prête à recevoir la réponse à ma requête, à interpréter un sourire invitant, une parole anodine pleine pour moi seule de sous-entendus, prête à forcer la note, si c'était nécessaire et à décrypter des messages codés. J'ai pressé le pied de ma coupe de champagne entre le pouce et l'index et j'ai murmuré : « S'il vous plaît, faites que je n'aille pas en enfer si je couche avec Théo. »

Annie Cloutier

Nelly, Foucault et moi

> *Se suicider, c'est la manière ultime d'imaginer.*
> Michel Foucault

Il m'arrive de me lever avec l'envie de me tirer une balle dans la tête. (Cela n'arrive-t-il pas à tout le monde ?) Une envie nette et précise, chirurgicale, comme j'aime que les choses le soient.

Je suis une femme parfaite, qui mène une vie parfaite, il faut que vous le sachiez. Tout m'arrive. Tout m'est dévolu. La plupart du temps, je suis formidablement heureuse. Si vous m'abordez, je réponds avec gentillesse. Je veux que vous vous sentiez bien.

Nous sommes nées en 1973.
Toutes les deux.
Isabelle Fortier et moi, Annie Cloutier.

Nous sommes deux fausses blondes. Du moins l'étions-nous.
J'ai toujours été moins affriolante qu'elle, toutefois.
Plus costaude. Plus ancrée, peut-être.

Comme elle, mais dans une mesure infiniment plus modeste, je sais ce que c'est que d'être plébiscitée. J'ai été cette femme assise devant son ordinateur portable, qui regarde son œuvre, qui voit son nom multiplié dans Google. Ma photo de promotion est très bien. *Photoshop*, ça fonctionne pour tout le monde, et nous sommes toutes en mesure de jouer à la célébrité. À la nuance près que nous ne sommes pas toutes publiées à Paris. (Loin s'en faut.)
Est-ce cela ? Est-ce ma parfaite banalité qui me préserve de la mort ?

Est-ce que ce sont mes enfants?
Non, ce n'est pas vraiment cela.
Mon travail, alors?
Non.
Dieu?
Non, non, merde.
Et si c'était Kurt?
Non plus.
Les comprimés, évidemment.
En fait, non, même pas eux.
Qu'est-ce qui, alors, me maintient en vie
et qui a fait défaut à Caroline?

se demandait Anna, dans *Ce qui s'endigue.*

(Je fais ce qu'il ne faut pas, je me cite comme si ce texte n'était pas de moi, car en vérité il ne l'est pas, et cela aussi est angoissant, l'imposture, l'effet de miroir, la tricherie, l'irréel.)

Au fond, je pense que ce sont les enfants. Et pourtant je suis bien placée pour savoir que le désir d'enfant est une construction. «Une construction», c'est une façon sociologiquement correcte de dire que c'est n'importe quoi.

Vouloir des enfants, les materner, enfouir son nez dans leur cou, interrompre sa carrière pour étirer le plus qu'on peut le temps passé auprès d'eux, c'est n'importe quoi.

Je suis devenue enceinte à 21 ans, pendant que Nelly, dans des hôtels chics du centre-ville de Montréal, escortait des hommes friqués et insatisfaits. Il est possible qu'à 21 ans, Nelly et moi ayons eu une conception fort différente de ce qu'était le n'importe quoi, mais j'ose néanmoins affirmer trois choses:

1. Nous partagions elle et moi la conscience aiguë de la possibilité du désespoir et de l'absurdité.
2. Nous nous pensions les proies de forces avides qui contraignent, qui avilissent.
3. Deux options s'offraient à nous: la fornication / l'enfant.

J'étais une personne moyenne, boulotte et névrosée, à cette époque-là. Je n'intéressais personne d'autre que cet homme qui couchait avec moi et avec qui j'ai conçu cet enfant.

Cet homme, incidemment, fait des Sudoku à côté de moi, en 2010, pendant que j'écris.

Combien d'hommes sont passés sur, à côté, dans Nelly depuis qu'elle a eu 21 ans ? 2010 est une année qu'elle ne vivra pas.

> *Au Moyen-Âge et jusqu'à la Renaissance,* écrit Foucault, *le débat de [la Femme] avec la démence était un débat dramatique qui l'affrontait aux puissances sourdes du monde; et l'expérience de la folie s'obnubilait alors dans les images où il était question de la Chute et de l'Accomplissement, de la Bête, de la Métamorphose et de tous les secrets merveilleux du Savoir.*

Je me lève le matin. Je le fais. Je prends ma douche et à 6 h 50, j'entre dans la chambre de mes enfants sur la pointe des pieds. Je lève les stores. Je les nomme de ma voix la plus tendre. Ils s'assoient dans leur lit en se frottant les yeux. Ils m'entourent de leurs petits bras. Ils le font vraiment, comme dans les films.

Devant les portes-patio de la cuisine, pendant qu'ils déjeunent, je projette mon angoisse sur les arbres dénudés. Le soleil est rose sur la neige. La cuisine est inondée de clarté. Peut-être que sans les fantasmagories de la religion, sans ces délires, nous avons perdu nos soupapes.

Bye, maman. Bonne journée, lancent mes petits minous emmitouflés. Ils partent, leur sac au dos, leurs grosses mitaines. Je les vois dehors deviser avec sérieux : Est-ce le *Ninja Power I* ou *II* qui est le plus le fun sur la Wii ?

L'angoisse est intangible et en constante expansion. Elle grouille, maraude, peut éclater à tout moment. Qu'avait-elle, Nelly, pour marcher résolument dans l'existence ? Pour faire ses journées d'un bout à l'autre, sans s'enfarger ni s'affaler, et surtout : quelle était sa façon à elle de se saisir des questionnements ou de les ignorer ?

Foucault disait :

*Que vaudrait l'acharnement du savoir s'il ne devait assurer que
l'acquisition des connaissances, et non pas, d'une certaine façon
et autant que faire se peut – l'égarement de celui qui connaît ?*

C'était là une façon incroyablement exigeante de poser les termes de l'épistémologie. Connaître jusqu'à ce que
mort ou folie s'ensuive. Connaître, d'une certaine façon,
pour que mort ou folie s'ensuive. Foucault n'était pas d'accord pour dire qu'il faut ignorer les questionnements qui
deviennent des puits sans fond.

Foucault et Nelly sont morts.

Ce soir, je suis en paix. Les choses tiennent. Je bois
du thé en réfléchissant à mon mémoire de maîtrise. Je suis
au chaud sur le divan du salon. Et puis, tout à coup, sans
avertissement, je suis terrassée par ma terreur quotidienne.
Il n'y a là rien d'exceptionnel. Cela peut survenir à tout
moment. La conviction incorrectement fondée que : *Rien
de cela ne tient. Tout cela est faux.* L'effroyable douleur.

Je sais que c'est mon cerveau qui défaille momentané-
ment. J'en connais un bout sur les synapses et les connec-
tions fortuites. Mais il n'est rien – absolument rien – que
je puisse faire pour contrôler, gérer, prévoir ces situations.
Dans une autre vie, j'appelais mon cerveau : le grand commandeur.

Comment se représente-t-on la folle, la putain, la bi-
zarre, la mort, de nos jours ?

Elle est morte à trente-six ans.
Je vais en avoir trente-sept cet automne.

Et moi je continue de m'approprier l'existence et de la
laisser déferler. Je suis devenue sociologue. J'ai appris à or-
donner mes pensées. Je parcours la mythologie du monde
« apparemment glorifiante, mais en fait apeurante ».

La vie
est-elle
belle?

Quand elle est morte, ça a été à qui souffrirait le plus et s'exalterait avec le plus d'intensité de cette disparition.

[E]spérance que la vie puisse aller toujours de l'avant, même quand elle semble emportée par le meurtre et le suicide, la folie et l'inertie.

Elle avait à vivre l'automne, les critiques. Elle absorbait déjà l'inévitable déclin.

D'innombrables auteures – et Nelly était l'une d'elles – établissent la trame de leurs romans sur la prémisse que le sentiment d'irréalité *est* la réalité. Je m'inscris en faux. Ce qu'*est* le sentiment d'irréalité, c'est une maladie mentale qu'il faut combattre de toutes nos forces de vivantes. S'il y a une cause sociologique au suicide, c'est bien l'exaltation nihiliste de ce qui n'a pas de sens.

Même mon homme aux Sudoku ressent une jouissance inouïe à l'évocation de ce qui va mal. Car il existe une façon de se représenter la réalité sous son pire jour, d'en dire le plus épeurant, de l'étaler grande ouverte sur la grande table de la salle à dîner avec les photos couleurs et les gros titres de trois pouces, et de se gonfler des mots épouvantables qui énoncent l'horreur avec fermeté et jouissance, et de l'énoncer encore et encore, et de se tenir droit devant l'évocation jouissive de la Shoah ou de la guerre en Irak – oui!, être un homme, c'est cela! C'est contenir l'innommable, l'insupportable, l'abominable – et mieux encore: c'est inventer l'infernal, en faire un univers tautologique jouissif, en contaminer les autres, toutes celles qui écoutent et qui absorbent, qui se tiennent démunies face à l'invention du mal par le discours des hommes, qui tremblent et qui se débattent, toutes petites, toutes menues, avec leur grand commandeur personnel.

Ces hommes-là retombent sur leurs pattes. Est-ce de s'être délestés de leur angoisse en la clamant? Savent-ils même ce que peut être l'angoisse? Ils retournent à leur quotidien comme si de rien n'était, leur cerveau pur, lavé, sans tache. *Est-ce qu'on retourne au Danemark cet été, chérie?*, demande-t-il en tournant, avec toute la gentillesse, tout l'amour, toute la douceur du monde, sa belle tête vers moi.

Cette façon qu'il a de danser avec la réalité, je ne la connais pas. La trouver si abjecte et absurde qu'on puisse en rire. Son cynisme.

C'est quand ça va bien qu'on proteste, écrivait Castoriadis. Les jougs n'apparaissent insupportables que lorsque apparaît la possibilité de s'en libérer. Il est un moment où l'oppression (politique ou mentale, peu importe) ne se dissipe plus. Quand ce moment vient, il n'est plus d'écriture, plus de mots, plus de pensée.

On ne sait pas comment elle s'est tuée. Dans mon imagination, la balle fuit vers ce point déterminé du néant où la douleur de vivre s'efface jusqu'à ne plus exister.

Oui, ce sont mes enfants. C'est grâce à eux que je trouve la vie belle et que je suis heureuse. Désormais, je ne m'appesantirai plus sur l'angoisse.

Tous les extraits de l'œuvre de Michel Foucault sont tirés de *Se déprendre de soi-même. Dans les environs de Michel Foucault*, par Victor-Lévy Beaulieu, Trois-Pistoles, Éditions Trois-Pistoles, 2008.

Renée Gagnon
Israël Desrosiers
Le feu brûle

Le feu brûle... Aie-Aie-Aie, 26 jan., 20 h 21. Tu es magnifique... et très sensuelle. Tu m'allumes quoi ! J'aimerais beaucoup entrer en contact avec toi. Laisse-moi savoir si ma fiche te plaît et peut-être pourrions-nous poursuivre cette conversation seul à seul... Sujet : **RE : Le feu brûle...** 26/01/10 20:08:39. Pourquoi pas ? Ta fiche me plaît aussi, mais, dis-moi, peux-tu m'envoyer une photo ? Je sais, ça fait superficiel, mais bon, comme j'en ai mis, je me dis que je suis en droit de te voir aussi ! / *j'ai ce gros défaut que tu n'as / C'est pas que le physique est de la / Écris-moi si tu veux / critère était important. / vrai que la correspondance / jai un coté givré comme cette photo et lautre... plus calmos /des bons moments coquins / Renée dit : rapide, hein, sur la gachette ! / ur moi : je travaille au / depuis un an et demi et que / corpo, mais y a tout un côté / n sujet de conversation si on se / doit sentir bon dans ta / dominique dit : hihih que fais une mignonne femme comme toi seule ? Selective6 selective ? /* **RE : Le feu brûle...** Aie-Aie-Aie, 27 jan., 12 h 06. C'est fait. Cependant, je ne peux t'écrire qu'une fois... Je ne suis pas VIP de Reseaucontact... Si tu veux parler plus librement avec moi, voici mon adresse hotmail : patricklechasseur69@ hotmail.fr. Je suis content que ma fiche te plaise, la tienne m'a donné le goût de te connaître aussi. Comment dire, j'ai soif de nouveaux horizons. Pour être franc, il y a quelque chose de sensuel dans tes photos... et ce quelque chose hante mon esprit. / *ur le plateau (normal pour / est ton nom ? / e la ciboulette, de l'ail, / et bouge de tt bord tt coté / beau, la neige, quand ça / frog j'imagine, même si j'ai pas mal/ C'est juste le contact de la peau dans ma bouche, quoi / Tu as* *l'intention de co / décider de la place! / tact incommensurable me / et c'est absolument passionnant! /* **Qui je suis et ce que je cherche,** Michaelcarriere, 5 fév., 15 h 08. Bonjour Eeeeuuuuhhhh, je me suis aventuré sur ce site de rencontre et ta fiche m'a intéressé. D'habord, mon portrait. Je suis un homme de 33 ans, j'ai les yeux presque dorés et les cheveux noirs. Je suis assez grand, pas tout à fait six pieds, mon corps est mince et je n'ai pratiquement pas de poils (toute une aubaine, car mon nombril ne génère aucune mousse). J'ai le tonus musculaire hybride : à mi-chemin entre celui d'un écrivain et celui d'un philosophe (crois-moi, il y a une différence). J'ai trois tatouages sur le corps, tu pourras les découvrir si l'occasion se présente. J'ai fait un bac en anthropologie et en science politique. Maintenant, je travaille comme recherchiste pour une grande dame de la télévision. Mes études et mon travail m'ont rendu un peu cynique, du moins c'est ce que mes proches me disent tout le temps. J'aime les animaux lorsqu'ils sont dans la nature... Les espaces urbains sont pour les primates dotés d'un langage articulé et bientôt d'un Ipad. Pour moi, la vie d'aujourd'hui ne peut être possible sans les livres, les films, les bds et le café. Je ne te cacherai pas que je suis malheureusement actif sexuellement. Je suis un intellectuel lubrique. Je recherche une femme intelligente, belle et lucide... comme toi. Je souhaite établir une relation basée sur l'échange. Ce qui m'a intéressé chez toi, c'est ton côté modeste. Les gens qui affichent candidement leur modestie sont en fait des êtres complexes et souvent marginaux... miam! Totalement mon genre. À bientôt Eeeeuuuuhhhh. *un peu liste comme ca / ortir avec mes collègues. Par contre / coté bouffe moi. / j'ai recu une mini operation a la tete mercredi / eux vraiment revenir vers le / e tu as des traits exotiques / canard, mais alors, après avoir / comment qu'ils peuvent être conservate / Pourquoi pas? Ta fiche / m'en un peu plus sur / difficile de faire l'impasse d / e ne peux t'écrire qu'une / ordinaire, que veux tu dire? / merci pour le compliments! / je fais souvent simple / quelqu'un de très curieux! / elle qui pose est belle / weekend un peu débauche / que «projet informatique» ca peut s /* **Une rencontre ratée** De : Patrick Lechasseur (patricklechasseur69@hotmail.fr) Envoyé : 6 février 2010 18:24:11 À : xxxxx@hotmail.com. Bonjour Eeeeuuuuhhhh, je dois te faire mes excuses pour ce long silence, mais je n'étais pas disponible. Pour faire bref, j'ai fait un voyage dans l'Ouest canadien qui a été malheureusement fatal pour Crock, mon chien. Sache que je ne t'ai pas oubliée que je désire toujours faire ta connaissance. Tu m'intrigues. Nous avons un intérêt commun, les chiens vigoureux... pour l'instant je dois faire mon deuil. J'aime lire à l'occasion, mais la poésie est obscure pour moi... je veux dire la poésie plus... traditionnelle. J'aime le SLAM. J'aime ces textes qui parlent directement avec la langue de la rue de la vie quotidienne. Connais-tu Queen KA? Je dois te prévenir que je suis très direct. Ce qui m'intéresse surtout chez toi, c'est ton bagage culturel et le fait que tu ne sembles pas très sportive. Je crois que nous sommes assez différents sur ces points, et c'est ce que je recherche. Je sais, c'est étrange de dire homme sportif cherche femme intello. J'ai trop souvent fréquenté des femmes qui avaient exactement les mêmes intérêts que moi... trop prévisible comme relation. J'aime la baise physique, mais à un moment donné, on en a fait le tour... je veux autre chose... quelque chose de profond et non de superficiel. Voilà. Je t'embrasse et à bientôt j'espère. P. L. **Une rencontre pertinente,** Bernard 2010 6 fév., 20 h 57. Bonjour Mme Euh! Je me présente, Bernard Lemieux jeune journaliste à la pige. D'entrée de jeu, je ne désire pas vous séduire par ma profession d'autant plus que, ces dernier temps, elle n'est vraiment pas lucrative. Étant moi-même célibataire depuis un certain temps, je cherche une perle rare. Il y a longtemps que je ne courtise plus dans les bars, ce n'est plus mon truc. Je tiens à garder ma voix et mon ouïe intactes. Je ne suis pas très habile pour me décrire moi-même, je crois que ma personnalité se révélera davantage à vous durant nos échanges. Pour ce qui est de ma description physique, je mesure un mètre soixante-dix-huit, j'ai les yeux bruns café, les cheveux bruns et courts. Mon champ d'intérêt concerne principalement les médias et surtout la scène politique (nationale et internationale). Je fais un peu de photographie et de dessin. Je lis souvent les journaux et parfois des romans. J'ai un petit chat nommé Munin qui n'aime pas vraiment les chiens (une fois, un chien n'a fait qu'une bouchée de sa queue). Selon moi, une bonne soirée en est une qui commence par une bonne bouteille de vin qui se termine par du porto. Au plaisir de vous voir. / *Démarrage d'une conversation vidéo avec Gontrand-Schnei- derrr... Les choses de la vie... Fin de l'appel (Alt+Q) /-19C avec un vent à décorner / jusqu'à 10 ans. Ensuite, / c'est anor- malement doux. / à l'amélioration des conditions / Quand j'en suis revenue / dit d'où tu t'étais expatrié / ca m a désarmé de savoir ca / 24 mar., 19h01 scuse moi hie, je ne voulais pas être snob... mon explorer ne bloquait les fenêtres et je ne pouvais pas accéder aux messages* / From: xxxx@hotmail. com To: patricklechasseur69@hotmail.fr Subject: **RE: Une rencontre ratée...** Date: Mon, 8 Feb 2010, 22:14:32 +0000. Bonjour, Patrick, je suis contente que tu refasses surface! Et mes sympathies pour ton chien... C'est drôle que tu dises que la poésie est obscure pour toi parce que j'en écris moi-même parfois. Quant au slam, mes connais- sances sont plutôt limitées. Queen Ka, je la connais de nom, mais sans plus. Bon, mis à part notre passion des gros chiens, il faudrait quand même qu'on ait d'autres sujets de conversation! Que dirais-tu qu'on se rencontre pour prendre un verre cette semaine? On avisera! à bien- tôt, oui renée / *quartier d'adoption, à la / Hola! Vraiment charmante;) / rappelle le documentaire, fais chier / pas un teint toujours très frais / j écoutais avec mes ex passsablement de films / Je serais bien allé / que je me calme / faire perdurer une* / From: xxxx@hotmail.com To: michaelcarriere2010 @hotmail.fr Subject: **RE: Qui je suis et ce que je cherche** Date: Tue, 9 Feb 2010, 10:31:44 +0000. Allô, Michael, tu sembles, comme ça, sur papier, on va dire, m'intéresser. Bon, évidemment, je préférerais voir une photo parce que, tu en conviendras, ce n'est pas juste que tu aies vu la mienne et moi pas! Sinon, les livres, les films, la bd, le café, tout ça fait partie de ma vie aussi; il n'y a que ton cynisme qui m'inquiète: que tu en sois trop gravement atteint. Je vais accepter avec grand plaisir ton intello- lubrisme, mais de ton côté, il faudra que tu acceptes mon compagnon canin... à bientôt renée / *certainement la fin de semaine / victoire de l'OM? / 01/03/10, 19:07:49 / USA, que je puisse briller / ussi plate que les gens disent / rarement l'occasion; alors, je perds / m'allumer un petit pétard / tu est tres présente positivement / hum, ça, c'est difficile à faire,* *brûler des patates / lâcher le morceau comme ca / mettre deux « e » à mon propre / J'aimerais bien que nous passions la journée enlacés... J'ai adoré ton profil et je meurs d'envie de te connaître davantage... / et cest ouf / c'est compliqué de couper les photos ici / petit air « je m'en fous » /* From : patricklechasseur69@hotmail.fr To : xxxx@hotmail.com Subject : **Un verre... c'est bien, deux c'est mieux** Date : Wed, 10 Feb 2010, 20:35:45 -0500. Bonjour Renée, c'est un beau nom, doux, prometteur... Je crois qu'une rencontre s'impose. Allons prendre un verre au Yer'Mad bistro bar ce jeudi. J'y serai pour 20 h. J'apporterai ma brosse à dents, à tout hasard. / *François dit : ahhh snif / d'attirer une autre fille, surtout / bon, OK, alors, merde, c'est pas drôle ! / de semaine, normalement / car je suis pas montrable en ce moment / OK, j'étais en train de sucer mon pouce ! / peut-être pas tout dit, mais ça synthétise / jaime mieux me battre avec des oreillers / qui sait jusqu'où ça nous mènera... / eeeeuuuuhhhh 09 fév., 20 h 46 what's up doc ? /* From : xxxx@hotmail.com To : bernardlemieux69@hotmail.fr Subject : **RE : Une rencontre pertinente** Date : Thu, 11 Feb 2010, 00:09:21 +0000. Allô, Bernard, eh bien, je vais commencer par ce qui est problématique : la dernière fois que mon chien a rencontré un chat, il a rapporté une touffe de poils gris. Tout le reste me va très bien, comme un pantalon. Allez, j'attends de tes nouvelles. Renée / *leur suspens le plus fort ! / votre partie de l'échange / qu'est qu'il advient de toi ? / rejoindre sur MSN... / difficile de dire non / elle est avec deux mecs les branlant / c'est la premiere fois maudit !!! / j ai le gout de m exprimer, tout vider / peux t'écouter avant ? /* From : bernard lemieux69@hotmail.fr To : xxxx@hotmail.com Subject : **une photo avec ça** Date : Wed, 12 Feb 2010, 21:14:50 -0500. Renée... J'aime mieux ce nom. Euh était... comment dire... un peu court. Pour la touffe de poils gris, est-ce qu'il y avait un petit bout de queue ? Ton chien semble agressif, mais il a du goût... Je t'envoie ma photo. Je désire te rencontrer si cela te convient comme un gant. Je connais un nouveau petit resto sympathique et rigolo sur Saint-Denis, Chez Chose qu'il se nomme, je t'y invite. À bientôt. / *lus simplement, bonne nuit ! / de longue études je dirais / sarcasme c'est mon genre / tu as aboutis là ? / meme quand on travaille, y'a e la place pour quelqu'un non ? / faire des acrobaties pour /*

*missions diplomatiques et militaires / dans la région de Mtl? /
je ne pense qu a ca! / personne est apte a critiqué l'art / des
téteux de boss dans cette / car je suis gourmand /* From:
michaelcarriere2010@hotmail.fr To: xxxx@hotmail.com
Subject: **RE: Qui je suis et ce que je cherche** Date: Wed,
10 Feb 2010, 20:59:49 -0500. Bonjour Renée, si je comprends bien ton dernier courriel, je dois t'envoyer une
photo de moi nu couché sur du papier... l'idée ne me
déplaît pas. Je me demande quelle sorte de papier pourrait
bien se marier avec ma peau délicate et parfumée... J'écarte
spontanément le papier journal. Je ne tiens pas à ce que
mes attributs (quoique appréciables) manquent de respect
aux peuple haïtien. Pendant que je réfléchis à ta requête,
voici une photo de moi... Ah! Renée, rassure-moi et dissipe
ou développe l'image qui s'est imposée dans mon esprit
après avoir lu ta lettre: Que veux-tu dire par accepter un
intello-lubrique qui doit accepter ton compagnon canin?
J'ai un esprit ouvert et les Hommes ne me surprennent
plus, mais ne brûlons pas les étapes... Prendre un verre
dans un lieu public en ta compagnie serait un bon début.
Qu'en penses-tu? From: xxxx@hotmail.com To: michael
carriere2010@hotmail.fr Subject: **RE: Qui je suis et ce
que je cherche** Date: Fri, 11 Feb 2010, 00:07:10 +0000.
Cher Michael, tu sembles lire dans les doubles interlignes
entre mes lignes. Je ne te proposais pas de m'envoyer une
photo de toi nu. Je préférerais découvrir moi-même, éventuellement. Sinon, ta photo me plaît bien, mais as-tu
l'habitude de porter des foulards? Tu m'as l'air un peu
mafiosi, comme ça. Mon compagnon canin: ben, c'est
que tu disais que tu aimais voir les animaux dans la nature
et, voilà, j'ai un gros chien qui m'accompagne partout où
je vais, ou presque. Je ne faisais en aucune manière référence à de la zoophilie, loin de moi cette idée, si c'est ce dont
tu as peur! Bon, OK, pour le verre. Je suis occupée ce soir,
mais que dirais-tu qu'on se rencontre demain? Je te donne
rendez-vous à l'heure qui te convient au Bar Davidson,
lieu mythique d'Hochelaga-Maisonneuve pour tous ceux
qui l'ont fréquenté avant qu'il s'assagisse. Dis-moi! Renée
From: michaelcarriere2010@hotmail.fr To: xxxx@hot-
mail.com Subject: **RE: Qui je suis et ce que je cherche**
Date: Thu, 11 Feb 2010, 21:11:49 -0500. Je rigolais pour

les photos et le chien... Tu connais le célèbre Davidson? Tu dis qu'il a changé? Flûte alors... Les sports d'un côté et la porno de l'autre auraient créé une ambiance singulière pour une première rencontre... hummm! Mais bon, s'il est sage, j'en ferai autant. À demain, au Davidson! / *OK, j'ai rendez-vous bientôt, je dois quitter! / tu connais pas? / 22 mar., 21h35. C'est drôle parce que depuis deux semaines et pour un bout de temps... / conversation virtuelle, mais de l'avoir / tu es d'accord avec moi, alors, que c'est pas très sexy?/* From: xxxx@hotmail.com To: patricklechasseur69@hot-mail.fr Subject: **RE: Un verre... c'est bien, deux c'est mieux** Date: Thu, 11 Feb 2010, 12:54:43 +0000. Oh! Eh ben, d'accord! à tout bientôt renée / *Ah ben la Havanne, très bient / u es très jolie;) / 3 avr mcorleone a modifié son profil / et si cela t'inspire, un / Bon, alors découvres-moi / voir un peu plus d'hommes! / 13 mar., 10h37 jaime les chien veut tu quon se parles davantage? / et je m imaginais des choses / uelle es ton prenom / tu m'a abandonner / OK, tu veux dire qu'elle ressemble à la tienne? / magasiner une nouvelles matleas pour le lit /* From: xxxx@hotmail.com To: michaelcarriere2010@hotmail.fr Subject: **RE: Qui je suis et ce que je cherche** Date: Fri, 12 Feb 2010, 14:10:12 +0000. OK! On dit 20h30-21h? / *toc toc:) y a quelqu'un?/ ton monde de fille j adore / on se parle plus tard alors? / on s'est mal compris pour / il ne me reste pas beaucoup de temps. / j'ai une grande trappe / tout ce que jaimerais faire venir d'australie c'est skippy /* From: xxxx@hotmail.com To: bernardlemieux69@hotmail.fr Subject: **RE: une photo avec ça** Date: Fri, 12 Feb 2010, 17:14:26 +0000. Bernard, pardonne-moi, j'ai été un peu occupée ces derniers jours, je n'ai pas pu te répondre avant... Il y a comme du flou artistique dans ta photo! Mais ton sourire est tout à fait charmant. Une invite chez Chose! Hum, j'ai entendu parler de ce nouveau resto, ça l'air exquis. Alors, c'est oui, pour la bouffe et le sourire en face à face! Est-ce que demain, c'est trop tôt pour toi? Sinon, dimanche, c'est très bien aussi. à bientôt! Renée. / *je dirais alors que le meilleur gagne / ailleurs ou en trance / ous êtes resplendissante! animata / 30 mar., 10h53. Avec des yeux comme les vôtres vous devez faire tomber les hommes un à un à vos pieds... vous êtes tellement sensuelle que je n'ai pu m'empêcher de vous le* *dire! Je désire plus que tout entrer en contact avec vous... ne me laissez pas sans réponse!* / **RE: une photo avec ça** De: Bernard Lemieux (bernardlemieux69@hotmail.fr) Envoyé: 14 février 2010, 14:18:01 À: xxxx@hotmail.com. Bonjour Renée, désolé de ne pas avoir pu te répondre avant, je devais couvrir l'événement de Georges Laraque qui passe au Vert. Mon invitation tient toujours, aujourd'hui serait parfait. J'attends ta confirmation. À bientôt. B.L. From: xxxx@hotmail.com To: bernardlemieux69@ hotmail.fr Subject: **RE: une photo avec ça** Date: Sun, 14 Feb 2010, 17:27:17 +0000. Eh ben, je savais qu'il était végétalien, mais je pensais pas qu'il se lancerait en politique! C'est très bien pour ce soir: tu seras mon valentin! à bientôt! Renée / Renée dit: *aïe! ben en fait, j'essaye de comprendre comment ca marche / et j ai des idées de males en tete pas tres gentillle / il faut que je dorme, à plus / je te crois sur parole, cher, j'en ai très peu souvent consommé / beaucoup rejoint. / OK, go on / woahh une reussite jai pas défocuser de mon plan de match / danger pour les faire exploser* / **RE: Un verre... c'est bien, deux c'est mieux** / De: Patrick Lechasseur (patricklechasseur69@hotmail.fr Envoyé: 17 février 2010, 16:03:12 À: Renée Gagnon (xxxx@hotmail. com). Bonjour Renée, je prends l'initiative de t'écrire, car je crois que nous nous sommes laissés sur un froid... Ma jambe va bien, je peux marcher sans douleur... mais il faut que je change encore les pansements. Avec un certain recule, je trouve notre mésaventure un peu comique... Je n'ai jamais vécu un coït interrompu par la morsure d'un chien... Je n'ai jamais aussi imaginé que le meilleur ami de l'homme pouvait être à ce point jaloux... Cependant, je ne m'excuse pas pour le coup de pied. J'aimerais que nous nous revoyons. À bientôt Patrick **RE: une photo avec ça** De: Bernard Lemieux (bernardlemieux69@hotmail.fr) Envoyé: 17 février 2010, 16:09:36 À: xxxx@hotmail. com. Bonjour belle Renée, je t'écris ce courriel pour simplement te dire que j'ai vraiment gardé un bon souvenir de notre souper. Aujourd'hui, ça chauffe côté travail... Lucien Bouchard fait couler beaucoup d'encre. Ah! ce Lulu, quand il n'est pas lucide, il est le meilleur ennemi du PQ... Que dirais-tu d'une autre soirée? Bernard. From: xxxx@hotmail.com To: patricklechasseur69@hotmail.fr Subject: **RE: Un verre... c'est bien, deux c'est mieux**

Date: Wed, 17 Feb 2010, 22:47:05 +0000. Allô, Patrick, je voulais t'écrire avant pour te dire encore à quel point je suis désolée; en même temps, je suis tellement gênée... Jamais j'aurais pensé que mon chien puisse ouvrir la porte comme ça. Je savais qu'il était jaloux, mais pas au point de défaire un gond. Je suis contente que tu te portes mieux en tout cas! Je suis d'accord pour te revoir. Que dirais-tu de demain ou d'après-demain? Bise renée From: xxxx@ hotmail.com To: bernardlemieux69@hotmail.fr Subject: **RE: une photo avec ça** Date: Wed, 17 Feb 2010, 23:02:21 +0000. Allô, Bernard, oui, c'était effectivement une très agréable soirée. Et les ris de veau... hum... Je suis désolée d'avoir dû quitter un peu tôt, ma journée était vraiment chargée le lendemain. Mais bon, tu comprends, tu as l'air de vivre le même genre de journées que moi. Ben, oui, L. B., on ne comprend pas toujours ce qui se passe dans sa tête. Enfin, au moins, ça crée des débats et des conversations de couloir! J'ai du temps en fin de semaine. On pourrait prendre l'apéro au Valois et voir pour la suite. à toi! Renée / *sentiment est réciproque, fais moi / Renée dit: Non! Reessaie! / quelles séries BD tu pouvais bien suivre / c'est pas très original je sais, / trop comment débuter ce message / décidons d'une date, et d'une heure / t chouette d'enfin réaliser ce dont nous /* **Je prends une chance** DavyPrud 20 fév., 10 h 32. Bonjour Mme Eeeeuuuuhhhh, je me nomme David Prudhomme et je cherche de la compagnie. Votre fiche m'a intéressé par sa simplicité. Je ne sais vraiment pas quoi écrire pour vendre ma salade dans ce type de réseau rencontre. Votre fiche me laisse croire que vous éprouvez peut-être un inconfort aussi. J'éprouve un certain malaise à le faire puisque je suis de la vieille école. Je m'accroche à cette image romantique d'une rencontre fortuite, d'un heureux hasard... Eh oui! je crois encore à la magie du moment... du moins, je veux y croire. Bon assez pour le préambule, voici ma fiche. Je suis professeur de géographie dans une école privée de Montréal. J'ai 37 ans et je suis célibataire depuis trois ans. Je n'ai pas d'animaux à la maison, car je voyage beaucoup (le voyage éthique). L'un de mes passe-temps est la photographie. Je suis un inconditionnel des mets italiens. On me décrit souvent comme quelqu'un d'indépendant et d'un peu stoïque. Pour ma part, je me décris comme un pince-sans-rire. Voilà. En espérant mieux vous connaître, David P. patricklechasseur69@hotmail.fr To : xxxx@hot-mail.com Subject : **RE : Un verre... c'est bien, deux c'est mieux** Date : Sat, 20 Feb 2010, 11:07:55 -0500. Salut Renée, c'est toute une bête que tu as en effet. Tu devrais regarder quelques épisodes de l'émission télé Cesar. Va pour la rencontre prise 2. Je serai au Yer'Mad bistro vendredi après-midi. À bientôt. **Re : Une photo avec ça** De : Bernard Lemieux (bernardlemieux69@hotmail.fr) 20 février 2010, 16:14:49 À : xxxx@hotmail.com. Allô Renée, le Valoi, j'en ai entendu parler mais je n'y suis jamais allé. C'est pas un bistro français ? C'est parfait pour moi, je suis libre ce week-end, les jeux prennent toute la place. Ton heure sera la mienne. Bernard From : michael carriere2010@hotmail.fr To : xxxx@hotmail.com Subject : **Rencontre... la suite ?** Date : Sat, 20 Feb 2010, 21:30:12 -0500. Salut Renée, ton silence me dit deux choses :

• Tu as été flabbergasté par la richesse de mon esprit et la silhouette de mon pantalon, donc tu es encore sous le choc.

• Tu m'as associé à l'intello prétentieux tel qu'imaginé par Louis Morissette dans CA, tu t'es dit : « Voilà un salop qui me trompera avec la première venue ! C'est non ça ! »

Renée, la vie est un roman dont vous êtes le héros, si tu lances le dé et que tu obtiens un chiffre égal ou inférieur à 3, tu optes pour le premier scénario. Si tu as un chiffre égal ou supérieur à 4, tu optes pour le deuxième scénario. J'attends le résultat. **Salut Bella...** Kev2436 20 fév., 23 h 21. Sltu eeeeuuuuhhhh ! Jai regardé ta fiche, pis ta l'air hot. C'est full drôle ton nom ! Bon, je vais être correct avec, toi... on n'est pas du même genre et il y a ben des chances que toi pis moi ça failed comme on dit. Mais j'ai jamais fricoté avec une fille de l'université. C'est un challenge. Tu aimes les chiens, moi aussi. J'aime le rap pis la bière québécoise. Je suis un freak pour mon alimentation, c'est pour mon fitness. Même chose pour le ménage de mon appart. J'aime les sushis (même si ça goute le fish) et tout ce qui est japonais. Je n'aime pas le poil d'homme ou de femme. J'aime les tattoos aussi, c'est cool pis ça excite. J'aime les défis. Bon, dis-moi si tu veux tripper ou non. Pour de l'aventure, c'est avec Kevin que ça ce passe. / *c un plaisir en tout cas de discuter / attend une a la fois* *explique je comprend pas be;lle / soir, le 12? Enfin... si tu veux / peux. / Je ne sais pas encore si / gros comme le poing (je viens de / retiens de t'expliquer jeu par / jusqu'où ça nous mènera... / oui, c'est thérapeutique / dom dit: enfin on parvient à se croiser ici / L'art, les chiens, la spontanéité / plus amples connaissance /* From: xxxx@hotmail.com To: bernardlemieux69@hotmail.fr Subject: **RE: une photo avec ça** Date: Mon, 22 Feb 2010, 00:42:14 +0000. Parfait! Alors, que dirais-tu de 19h, samedi? À bientôt! Renée / *Entk si tu as des questions / la photo que tu as mise sur réseau-contact et celle de ton msn sont tout à fait différente! / chasseurs de têtes avant le / rien à redire à ta / Par «malchance» je couvrais / c'est pas l'idéal, et je / ...tu es crinquée raide! / les mecs se braque et se vident... spectaculaire /* **RE: une photo avec ça** De: Bernard Lemieux (bernardlemieux69@ hotmail.fr) Envoyé: 23 février 2010, 15:32:18 À: xxxx@ hotmail.com. Bonjour Renée, je prends note, pour 19h. À bientôt. From: xxxx@hotmail.com To: patricklechasseur69@hotmail.fr Subject: **RE: Un verre... c'est bien, deux c'est mieux** Date: Tue, 23 Feb 2010, 01:36:26 +0000. OK, mais j'arriverai en fin d'après-midi, étant donné que je travaille. Les prises 2, c'est généralement les bonnes! From: xxxx@hotmail.com To: michaelcarriere 2010@hotmail.fr Subject: **RE: Rencontre... la suite?** Date: Tue, 23 Feb 2010, 01:42:29 +0000. Allô, Michael, bon, je vais être franche avec toi, tu m'as plu, malgré tout. Et tu devineras facilement à quoi je fais référence. Mais, pour continuer à être honnête, je dois te dire que je vois d'autres garçons, avec lesquels je ne suis pas impliquée non plus, mais bon, comme tu me semblais un peu du genre possessif, je me suis dit que je ferais mieux de t'en parler. Et que tu décides si tu continues... Évidemment, si je m'implique, ça peut être différent. J'ai donc eu un 5. Et toi, qu'est-ce que tu as roulé? Bises From: michaelcarriere 2010@hotmail.fr To: xxxx@hotmail.com Subject: **RE: Rencontre... la suite?** Date: Tue, 23 Feb 2010, 22:08:13 -0500. Enfin! Je savais que mon corps d'athlète de lettré ne t'avait pas laissée indifférente. Si tu savais ce que tu peux encore faire avec mon petit tour de taille... Tu as donc roulé un 5! Mais tu gardes la porte ouverte... hum... tu aimes les relations qui ont du piquant! Moi, je roule toujours un 3... Bon, je dois revêtir le costume de l'effroyable personnage de Morissette. Renée, afin d'éviter les malentendus, je ne suis pas possessif, loin de là. Prétentieux, imbu de lui-même, oui, mais pas possessif. Et il est un peu tôt pour ce genre de comportement d'ailleurs. Je t'ai dit au Davidson bar que j'aime faire face à la critique, j'aime avoir l'heure juste. Pour être honnête, tu es présentement la candidate la plus intéressante que j'ai rencontrée depuis un bon moment. Si je suis insistant, c'est par intérêt. Tu me plais, visiblement je te plais, cultivons. Le fait que tu fréquentes d'autres personnes ne me gêne pas du tout, je sais pertinemment qu'ils ne sont pas de taille. J'étais prêt à accepter ton Corteau (bref ton chien) alors... Bisou. / *à part une vieille alliance irlandaise* / *hallo bonne journe mon nom set Maniolo pour les debut mais pour moi cett plus facile des parler avec vous pour tel 514 912 7851. Je viens des regarde ton profile et e tres interesant loi que tu ecris o ecri moi a mon curriel megatronic@hotmail. com s.v.p appel moi* / *je n'ai jamais peur... Renée dit: wou!* / From: xxxx@hotmail.com To: michaelcarriere2010@hotmail.fr Subject: **RE: Rencontre... la suite?** Date: Wed, 24 Feb 2010, 17:27:34 +0000. Michael, autre chose que je dois t'avouer: mes connaissances en jeux de rôle, dés et autres avatars sont très limitées! Je ne peux donc plus filer la métaphore! OK, tu me rassures, j'avais probablement mal interprété certains de tes propos. Alors, c'est parfait, laissons les choses aller, cultivons, et on verra! Je t'ai proposé le Davidson. Que me proposes-tu, maintenant? Il y a la Nuit blanche, samedi. Attention à l'orthographe, Corto n'aime pas qu'on le confonde avec Cousteau. Allez, bisous! / *ou un dinner ou déjeuner* / *avec une vraie femme et toi comme* / *beaucoup plus simple, et beaucoup* / *oui, c'est surtout le plaisir* / *costard en prévision* / *tout commence par une photo...* / *à l'appareil... et toi?* / *un peu plus si tu veux* / *un signe avec quelque* / *et pieute bien;)* *hé hé:)* / **RE: Un verre... c'est bien deux, c'est mieux** De: Patrick Lechasseur (patricklechasseur69@hotmail.fr) Envoyé: 28 février 2010, 15:38:28 À: Renée Gagnon (xxxx@hotmail.com). Hey Renée, comment ça va toi et Corto? Moi, j'ai terminé mon deuil. Le printemps arrive et je me dis qu'il me faudrait un nouvel ami canin. La marque de Corto n'est plus qu'une tache rosée… nouvelle peau, nouveau départ. Tu veux venir avec moi à la SPCA la semaine prochaine? En passant, que fais-tu le 23 mai prochain? Queen Ka donnera «Délîrïüm» au théâtre Aux Écuries. À bientôt. *Renée sur tes photos / tu es à l'hotel? / mes fautes à la loupe;) / n personne si tu veux me / ant de temps à te répondre / qu'ils avaient gagné contre les / ça un peu absurde / tu veux voir ma photo / Rantamplan, et lequel autre dont, / les vidéos sont drôles. / en passant tu as un tres jolie sourire!!! / Oui c'est ca, à Laval:), / voir de quoi ca dl'aire sur le net /* **RE: une photo avec ça** De: Bernard Lemieux (bernardlemieux69@ hotmail.fr) Envoyé: 1 mars 2010, 14:55:46 À: xxxx@hotmail.com. Bonjour Renée, aïe, cela fait plusieurs jours que je nous nous sommes donné signes de vie. Ces temps-ci, je fais beaucoup de rencontres professionnelles au sujet d'un dossier traitant des finances publiques. En gros, les journaux nationaux ne s'intéressent qu'à la vision des «Lucides», pour ma part je veux donner de la visibilité aux idées alternatives. Désolé, je ne fais que parler de mon job… Pour faire suite à notre conversation téléphonique, je vais mieux. C'est définitif, plus jamais le Valois pour moi. Mon estomac n'est plus que l'ombre de lui-même… Trop de malbouffe durant mes études. On se voit chez moi prochainement? Bise! Bernard. *avec un ami bon buveur, / me cuire des pates au beurre / L'age ne me dérange pas / Émotive? Onirique? Abondante? / Vous avez accepté de démarrer la webcam. / 957 Mont Royal Est / OK on rewind le tape et on repart à neuf / tata! Renée Renée dit: tata? / de chair et dos / je parle trop là!!!!!! / par rapport a la longueur mais surtout la vie en elle /* **RE: Rencontre… la suite?** De: Michael Carrière (michaelcarriere2010@hotmail.fr) Envoyé: 4 mars 2010, 15:26:31 À: xxxx@hotmail.com. Salut Renée, comment vas-tu? C'était bien la Nuit Blanche à Montréal, mais il manquait cruellement de neige. Toutefois, l'idée de présenter autant d'activités afin d'éviter les files d'attente me semble excessive. J'avais l'impression de rater quelque chose. Le seul vrai point fort, c'était notre bref moment d'intimité noyé dans la masse. Je me demande jusqu'où nous aurions pu aller sans la sécurité… Peut-on en faire un petit rituel? Question de pimenter les festivals…

Frédérique Martin

Action!

Luc avait décidé que sept heures serait le bon moment pour se pendre. Il s'était remémoré, non sans ironie, le vieil adage qui prétend que le monde appartient à ceux qui se lèvent tôt. Mais sept heures, s'était-il ravisé illico, ce n'est pas non plus l'aube blême. Il avait choisi le lundi, parce que *le lundi au soleil, c'est une chose qu'on ne voit jamais,* alors que le dimanche lui rappelait trop les roses blanches et *tiens, ma jolie maman.* Et ça non, ce n'était pas possible, même pour un gars comme moi, avait-il ajouté mentalement.

La nuit précédente, il s'était endormi tardivement et le matin de l'échéance, il se réveilla en retard. Il en fut contrarié et y vit un mauvais présage. Hagard, les nerfs électrisés, il se dévisagea dans le miroir de la salle de bain. Après une inspection minutieuse, il résolut de ne pas se raser, de procéder à une toilette sommaire et de s'asperger de parfum. Il se masturba sans conviction, éjacula de même, la chair toujours aussi triste que la veille, les yeux rivés sur son double. Puis il avala deux cafés, debout face au parking de la résidence, comme un lundi ordinaire.

Il eut la tentation de poursuivre dans son élan, d'attraper ses clés et de sortir. Le souvenir des lettres postées le dimanche après-midi l'en empêcha. Mais il était incapable de déterminer qui le retenait de sa mère épouvantée ou de son patron éructant. La première recevrait un ramassis d'excuses et de plaintes mêlées, le second une litanie d'insultes – quand il buvait seul, Luc écrivait sans retenue. Il n'avait pas la force d'affronter les suites de ses inconséquences – hospitalisation, thérapie, licenciement – ni le ridicule qui entacherait son désespoir après le passage du facteur.

Jusqu'alors, ses résolutions morbides du week-end avaient trouvé leur apaisement dans de salutaires gueules de bois. Il se réveillait le lundi sous le coup de la migraine, vomissait pour la forme et passait la journée à se dorloter, soulagé malgré lui de s'en être sorti une fois encore. La semaine se passait tant bien que mal, puis le vendredi soir se profilait et avec lui, le cortège des idées noires. Il avait beau sortir, lire, courir, danser, aller au cinéma, ou toute autre activité, le dimanche restait une épreuve de haut niveau. *C'est aujourd'hui dimaaaaaanche, tiens ma jolie mamaaaaaan.*

Cette fois-ci, c'est la bonne, Luc sait qu'il ne peut plus reculer. Avec tout ça, il est presque neuf heures. Il éprouve la même pression intérieure que lors d'un rendez-vous auquel on est en retard alors qu'on souhaitait laisser une bonne impression. Il n'a pas beaucoup de préparatifs, c'est à la balustrade de la mezzanine qu'il va s'accrocher avec une solide rallonge électrique. Il boucle le fil, vérifie les nœuds, s'installe pour s'assurer qu'il a la bonne longueur, et oui, c'est bon, il peut s'asseoir, la corde au cou. Un co-pain flic lui a raconté qu'il y avait deux manières de se pendre, la bonne qui rompt la nuque instantanément, et la mauvaise, celle où on étouffe. Mais il ne lui a pas expli-qué comment procéder, alors Luc a peur de souffrir. Mais il espère qu'en sautant, plutôt que se laisser tomber, l'élan devrait tout résoudre. Enfin, peut-être.

Son téléphone sonne et Luc sursaute. Durant ces quel-ques minutes, il s'était cru seul, il avait occulté le monde extérieur. Il consulte l'écran, ce n'est pas sa mère. Ni son patron. Il décroche.

— Bonjour, c'est Sonia de France Télévisions! C'est vous Luc, c'est bien ça?

— Heu... oui.

— Vous n'avez pas l'air très sûr.

Elle rit.

— Si, si, c'est moi. Luc. Je veux dire, c'est moi Luc.

— Parfait, Luc. Nous avons bien reçu votre email et nous sommes très intéressés par votre témoignage pour notre émission. Merci de l'attention que vous nous portez et de votre fidélité si j'en crois ce que vous m'écrivez – et pourquoi ne vous croirais-je pas, je vous le demande un peu. Haha. Bon, si vous êtes toujours partant, nous aime-rions vous rencontrer pour définir votre contribution. Nous envisageons de vous filmer chez vous, sur votre lieu de travail, enfin la totale quoi !

Elle rit à nouveau.

— Pour ça il nous faudra pas mal d'autorisations, de paperasses... bon la télé, c'est à la fois simple et compliqué. Mais on s'y fait vite, vous verrez. Vous êtes toujours là, Luc ?

— Oui, oui.

— C'est parfait.

— ...

— Luc ?

— Oui.

— Vous ne dites rien ?

— C'est-à-dire...

— Oui ?

— Je ne sais pas de quoi vous parlez.

— Eh bien, de notre émission du dimanche soir *Dites-nous tout* et de votre email en réponse à l'appel à témoin que nous avons passé. Ça va Luc ?

— Oui, non. Pardon, mais je ne me souviens pas.

— Vous ne vous souvenez pas ? Mais pourtant, votre message est long et détaillé.

— ...

— Oui ?

— C'est-à-dire... j'avais bu.

— Mmm... d'accord, dites-moi...

— Non, là, je ne peux pas. Je suis occupé.

— Nous pouvons quand même en discuter, ce que vous dévoilez est...

— Écoutez, je suis en train de me pendre. Je suis dé-solé. Une autre fois.

Et il raccroche. *Ce que je viens de dire est idiot et ce sont les derniers mots que j'adresse à quelqu'un!* Luc hésite, cette conversation l'a décontenancé. Il est bien loin des sept heures envisagées et des certitudes qui l'ont conduit jusqu'à la boîte postale. Cette femme l'a déconcentré avec sa jolie voix. *Elles ont toutes une jolie voix, on les choisit exprès.* Le téléphone sonne. Il décroche.

— Luc, Luc, Luc, ne raccrochez pas, ne raccrochez pas, c'est moi, c'est Sonia. Luc, vous êtes là, répondez ? Luc.

— Oui.

— Vous ne raccrochez pas Luc, vous m'entendez, vous ne ra-ccro-chez pas. Je vous in-ter-dis de raccrocher. Vous avez compris?

— Oui.

— Bon.

Elle en reste sans voix. Il la relance:

— Qu'est ce que vous voulez?

— Qu'est ce que je veux, qu'est ce que je veux?

Hystérique, elle détache toutes les syllabes.

— Je veux que vous me disiez que vous arrêtez votre bordel. Je veux que vous restiez au téléphone, je veux que vous m'écoutiez et surtout, surtout, je veux que vous restiez tranquille. Dites-moi juste OK.

— OK.

— OK. Bien. Bon. On se calme, tout le monde se calme.

— Je suis calme.

— Oui, eh bien, moi non, hein! Moi je ne suis pas calme, Luc, pas du tout calme. Hein? Pas du tout, du tout.

— C'est à cause de moi?

— Si c'est à cause de vous?

— Arrêtez de tout répéter. Vous me déconcentrez.

— Tant mieux, tant mieux. C'est bien ça... Tenez, je vais vous dire comment je suis habillée.

— ...

— Petite jupe noire fendue, sexy. Léger chemisier blanc, escarpins vernis, bracelet de cheville, guêpière...

— Arrêtez, c'est n'importe quoi.

— Oui, ben...

— Comment vous êtes habillée en vrai?

— Vous ne raccrocherez pas si je vous le dis?

— OK.

— Bon. Jean et pull, mais moulant le pull, quand même. Très. Et puis je suis blonde et mince.

— Yeux bleus?

— Non. Marron. Ou noisette, comme vous voulez. Mais bleus, non.

Elle paraît désolée. Elle reprend:

— Luc, qu'est ce qu'on va faire?

— Vous, je ne sais pas Sonia, mais moi, je vais raccrocher et terminer ce que j'ai commencé. Mais, ne soyez pas triste Sonia, c'était bien de vous parler. Merci.

Et il raccroche. Éteint le portable. Le jette sur le lit.

Assis sur la balustrade, le câble autour du cou, ses jambes pendent dans le vide. Il doit réfréner une brusque envie d'appeler sa mère, d'entendre sa voix une dernière fois. *Pas de sentimentalisme larmoyant!* Mais la dureté de la remontrance intérieure n'y peut rien. Il pleure. Tout semblait si évident la veille, tout aurait dû être si simple. Il y avait cru, avec naïveté. Alors c'était ça, le courage du suicidé, un moment d'inconscience? Et les autres, connaissaient-ils cette peur affreuse au dernier moment, ou était-ce juste lui qui n'était qu'un lâche et un indécis chronique? Luc n'imagine pas pouvoir faire ce mouvement qui décidera de tout, il lui semble au contraire qu'il adhère à la rambarde, intimement. *Comment, mais comment vais-je y arriver?* Quelque chose se dilate en lui, qui vient du ventre et sans doute même de plus loin, il ne sait pas, un cri qui pousse avec rage, qui veut sortir, se coince dans sa gorge, enfle, enfle et jaillit enfin, boursouflé, ancestral: *Au secours!* Luc éructe à plusieurs reprises, bave aux lèvres, le cou gonflé, les veines palpitantes. L'appel se rétrécit, s'amenuise et finit par se taire. Silence.

Un sifflement suraigu persiste dans ses oreilles, Luc éprouve une sensation de vertige, ses poumons peinent à trouver l'air et il reconnaît sans peine les prémices d'une crise d'angoisse comme il a déjà dû en affronter des centaines. Le fil électrique lui paraît trop serré, il l'étouffe, mais Luc n'a pas un geste pour le retirer. Il pense à toutes ces nuits où il s'est débattu en vain, à tout ce qu'il a essayé pour *aller mieux*, à l'agacement de ses amis qui trouvent qu'il en fait trop, au chagrin de sa mère par moment, aux alarmes qui le terrassent quand il est seul, à cette douleur immense à laquelle il ne sait pas donner de nom, dont il ne trouve pas l'origine, seulement l'issue, dans une pirouette finale. Il veut mettre un terme à l'isolement fondamental, intrinsèque, qui le déchire, le lamine, le terrorise et dont il n'arrive pas à réduire l'emprise, une déréliction qui va au-delà de tout ce qu'il pourrait en dire, qu'il est impuissant à briser. Et par-dessus tout, il y a ce dégoût sans fin pour lui-même, chose misérable, inapte à la vie, cette chose qu'on ne peut que quitter, que laisser quand on la connaît. Il doit sauter, il le doit. Il se le doit. Sinon, il est condamné à subir le mépris général et le sien en particulier – mais ça, ce n'est pas grave, il en a l'habitude – dans une errance insoutenable. Oui, mais comment faire, oh mon Dieu, comment faire?

De son brouillard, Luc entend soudain des bruits, des cris, une cavalcade. On secoue sa porte, on cogne dessus à grands coups, et puis voilà qu'elle s'ouvre à la volée sur un homme en sueur qui se précipite à l'intérieur, suivi d'un autre dont le visage est partiellement masqué par la caméra qu'il tient à l'épaule. *J'ai pas fermé à clé.* Luc a l'esprit vide, c'est la seule pensée qu'il y trouve. Et elle tourne, tourne. *J'ai pas fermé à clé, j'ai pas fermé à clé.*

L'homme en sueur et celui de la caméra s'agitent comme des furieux. Et ils gueulent: Luc, Luc!

— Putain, dit l'homme en sueur qui vient de trébucher, il est où?

— Je suis là, répond Luc.

Visage et caméra se lèvent en même temps.

— Nom de Dieu, beugle l'homme. Nom de Dieu, Dan tu l'as? Dis, tu l'as?

— Faudrait s'crever les roupettes pour le louper, répond la caméra.

— Arrête tes conneries, Dan.

— Toi, arrête. Fais ton taff, laisse-moi faire le mien, et les chochottes seront bien gardées, OK?

Pendant un instant, Dan détourne son œil de la caméra pour affronter l'homme du regard. Ils semblent sur le point de se battre. Puis ça passe.

— Bon, Luc, reprend l'homme, moi c'est Victor. Vous me remettez? Victor de l'émission *Dites-nous tout.*

Eh oui, maintenant qu'il le dit, Luc reconnaît le type en sueur. C'est bien le présentateur auquel il est censé avoir écrit. Sonia. *Merde, Sonia.* Luc hésite. Pourquoi pense-t-il ça exactement? Est-ce que c'est *Merde, Sonia, de quoi tu te mêles,* ou *Merde Sonia, on peut compter sur toi*?

— Pas de bêtise, Luc, on est là pour vous. Ne bougez pas, je vais monter.

— Non!

Là encore, Luc ne comprend pas la raison de son refus. Un principe, le non? Une réaction conditionnée? Il croit vivre le stéréotype d'une mauvaise série.

— D'accord, montez.

Victor paraît surpris, comme s'il avait demandé par politesse sans attendre une réponse favorable. Incertain, il se balance d'un pied sur l'autre, puis se reprend et en vrai professionnel se positionne au bas de l'escalier, face à la caméra :

— Nous allons rejoindre Luc.

— On fera les off en studio, Victor. J'ai pas de quoi tourner pendant des lustres. Avance !

Sans répondre, Victor grimpe en souplesse en laissant sa main caresser la rampe.

— Luc, soyez cool. Nous allons discuter, et tenter de trouver une solution. Vous êtes d'accord ?

— Arrête de jouer le négociateur, c'est une scène qui a déjà été tournée cent fois.

— Dan...

— Oui ?

— Ta gueule ! Je vais passer à votre droite Luc, tandis que Dan restera à gauche. Ça vous va ?

Tu nous cadres tous les deux, Dan.

— Impec. Action.

— Luc, grâce à votre appel à l'aide, nous sommes arrivés juste à temps pour vous...

— Non.

— Pardon ?!

— Je ne vous ai pas appelé, c'est Sonia qui m'a contacté. Moi, je n'ai appelé personne.

Luc pense aux hurlements qu'il a poussés plus tôt. Il frissonne. Quelqu'un l'aurait-il entendu brailler comme un gamin, quelqu'un a-t-il été le témoin de sa débandade ?

— Vous nous avez quand même écrit.

— Il paraît.

Victor se cale sur la rambarde avec une nonchalance étudiée. Dan tourne. Ils sont si proches que Luc sent la chaleur de leurs corps. Ils l'encadrent et il s'attend à chaque instant à ce qu'ils lui sautent dessus pour le maîtriser. *Promis, je ne résisterai pas.* La scène est irréelle. *Dans quel merdier je me suis fourré.* Mais sous la honte, la colère et le désespoir mêlés, il y a quelque chose de plus léger qui s'agite, le soulagement du lundi matin, l'apaisement de la gueule de bois. Si des milliers de gens le contemplaient dans cet état, peut-être quelque chose de bon pourrait-il sortir de tout ça ? Il n'aurait plus besoin de se cacher s'il trouvait des mains pour se tendre, comme ces deux hommes, comme Sonia avant eux.

Et justement, Victor approche ses doigts du visage de Luc. La vieille expression du cœur qui fait un bond dans la poitrine prend toute sa dimension, celui de Luc est en furie. Il ferme les yeux, une sorte de ferveur l'habite. Dans ce geste anodin, c'est un contact plus essentiel qui va se jouer. La main de Victor effleure sa joue avec douceur, elle glisse, aérienne et vient repousser une mèche de cheveux derrière l'oreille gauche de Luc.

— Là, c'est mieux. Dan ne pouvait pas vous voir.

Victor se recule.

— Alors, Luc. Qu'est-ce qui vous arrive ?

Un cliquetis de talon leur parvient de l'escalier, et une jeune femme entre à son tour en courant. *Sonia*. Jean et pull moulants, cheveux blonds noués en chignon, yeux intenses, mais de là où il est, Luc ne distingue pas leur couleur. *Noisette*. Elle le dévisage tandis qu'une succession d'émotions agite ses traits. Inquiétude, soulagement, choc, compassion, affolement et autre chose de plus subtil, intermittent, qui ressemble à la fascination des phalènes pour les lampes, qui la stoppe net au milieu de la pièce. Victor émet un chuintement agacé, Dan suit la scène.

— Oh, Luc.

C'est comme si les mots lui avaient échappé, on y discerne une touche de désapprobation.

— Vous portez des escarpins.

Elle baisse les yeux et rit. Un son léger, à peine un rire, mais qui donne à Luc l'impression de retrouver une amie. Quand elle le regarde à nouveau, son rire s'éteint.

— Luc, vous n'êtes pas obligé...

Obligé de quoi, de vivre, de sauter, de souffrir, d'être ce que je suis ?

— Je n'y arrive plus.

— Il faut vous faire aider, pensez à votre famille, à vos amis. Il y a d'autres solutions.

— Lesquelles ? Je ne les trouve pas.

Elle s'adresse à Victor, effrayée :

— Mais dis quelque chose toi.

— Je m'en occupais, juste avant ton entrée spectaculaire. On ne t'attendait pas...

— Tu as appelé?

— Quoi?

— Est-ce que tu as prévenu les pompiers, les flics, les secours, je ne sais pas moi. Tu m'as dit que tu t'en chargeais.

— C'est ce que je suis en train de faire, précisément.

— Tu n'as appelé personne?

Un mélange d'incrédulité et de rage. Elle répète :

— Tu n'as appelé personne?

Luc s'interpose :

— J'aime autant. On est assez nombreux.

— Ah, tu vois!

Victor a un sourire suffisant. Sonia ne décolère pas.

— Tu es une ordure.

— Dan, tu couperas au montage. Sonia, on règlera ça plus tard, tu choisis mal ton moment. Tu crois que Luc a besoin de l'armée dans son salon. C'est notre boulot de décider à sa place? Tu crois qu'un type qui est prêt à se pendre n'a pas réfléchi à la situation, qu'il n'est pas en mesure de penser par lui-même? Donc toi, Sonia, tu veux t'ingérer dans la vie de Luc – que tu ne connais pas –, tu prétends lui dicter son avenir et sa conduite. Alors vas-y, tu lui proposes quoi comme solution?

Muette, Sonia secoue la tête, les yeux brillants. Victor reprend :

— Ben voyons. Les bonnes vieilles larmes, comme c'est facile. Vous Luc, vous auriez besoin de quoi?

La question le paralyse. C'est comme s'il se retrouvait dans un caisson, incapable d'atteindre ses émotions dissoutes, présent sans y être. La machine tourne à vide, il y a juste cette peur qui se manifeste, qui vient lui tordre l'estomac. Son ventre gronde, ce bruit l'embarrasse. Ils attendent tous sa réponse, et la seule qu'il puisse donner, c'est celle-là, une manifestation obscène de ses tripes. Alors il lâche :

— Je ne sais pas.

Et cet aveu lui coûte. Il est incapable d'expliquer la glu dans laquelle il est pris, comment plus il se débat, pire c'est. Le lâcher-prise, la confiance, il n'y arrive pas. On lui a dit que c'était le chemin, et lui, il ne le trouve pas. On lui a dit aussi de maîtriser ses pulsions, de se tenir comme un homme, de ne pas chialer comme une gonzesse, de se bouger le cul.

Mais il n'y arrive pas davantage. Il ne sait plus où il a lu cette expression – bon à rien, mauvais en tout – c'est tout à fait lui. Et il en a honte. Honte. Comme maintenant, à cet instant précis où il ne trouve pas les arguments pour se justifier, où en voyant le regard de Sonia se défiler, une terreur l'envahit et le secoue. Il ne veut pas pleurer devant elle, avoir de crise sous l'œil de la caméra, il voudrait les voir disparaître, que rien de cette journée ne soit réel. Il arrive juste à souffler :

— Laissez-moi.

— Tu vois Sonia, personne ne sait quoi dire, personne ne sait quoi faire. Mais moi, je suis certain d'une chose, ce n'est pas toi qui devras affronter le regard des autres – cette famille et ces amis auxquels tu te raccroches –, ce n'est pas toi qui devras jouer à *Qui je suis* avec un psy et, pour finir, ce n'est toujours pas toi qui refermeras la porte de cet appartement ou d'une chambre d'hôpital pour te dépatouiller seule. Pas vrai Sonia ?

— Je voulais juste l'aider...

— Eh bien alors, dis-nous à quoi tu t'engages ? Tu vas lui tenir la main, rester le temps qu'il faudra, tu seras là pour la prochaine crise ? Hein, Sonia, dis-lui à Luc, dis-lui où tu seras ces prochaines semaines ! Et dans un an, à la même date, il pourra toujours compter sur toi, Sonia ?

Elle éclate en sanglots, tandis que Victor secoue la tête en pinçant les lèvres. Il marmonne un truc du genre *putain de nanas*. Sonia esquisse un geste d'impuissance et de désolation en direction de Luc, avant de se détourner pour lui dérober son visage. Au bout de quelques secondes, elle redresse la tête, renifle, vacille, puis franchit les quelques pas qui la séparent de la porte, file sans se retourner et tout de suite, le cliquetis dans l'escalier s'éloigne aussi vite qu'il était venu.

Dan filme la pièce vide un long moment. Une sorte de stupeur molle s'est glissée entre les trois hommes. Victor et Dan se retournent ensemble vers Luc, dans un accord parfait. Lui ne cesse de guetter. Son esprit cogne contre la porte, pitoyable, incrédule devant le calme hébété qui monte de la cage d'escalier.

— Alors ? lui demande Victor avec une moue. C'est quoi le programme, maintenant ?

MICHEL VIGNARD

Le jour où Freud ferma boutique

Freud ferma boutique à 37 ans. Où a-t-il lu cela? Il croit bien qu'il ne s'en souvient plus. Une biographie sans doute. Pas davantage se souvient-il de l'importance et du sens que l'auteur accordait à ce fait, mais il lui est entré dans la mémoire comme une écharde sous la peau. L'idée est stupide et sans intérêt, mais il suffit de tomber dessus, fût-ce par hasard, pour déclencher un flot d'interrogations, comme il a remarqué qu'un rêve, une fois transcrit sur le papier, conserve à jamais la fraîcheur de son premier déroulement. L'écharde, sans rien produire, ni douleur ni pus, sans dégénérer ni régresser, est là. Il a beau se dire que Freud n'a rien prémédité de son geste, qu'il s'est contenté d'une vie de brave médecin autrichien, qu'il a épousé Martha, bâti une œuvre, et que tout cela n'arriva qu'*après*, rien n'y fait: depuis qu'il sait, la question se pose à lui avec une brutale et importune acuité. Elle a surgi dans des circonstances indéfinissables, inextricablement associée à des pensées banales: une certaine angoisse du temps qui passe, une idée de la vieillesse, la crainte de durer. Mais pour peu que s'y ajoutent la conscience de vivre, le poids du quotidien, l'effort qu'il s'impose, jour après jour, pour ne rien manquer des opportunités de l'existence, il se dit, non, c'est trop, la vie est décidément usante, comment pourrait-il continuer à se morfondre dans la quête d'un objet qui se dérobe à toute prise? Alors, il tombe sur l'écharde au bout du doigt. Elle indique naturellement le chemin, le seul, celui de Freud: *fermer boutique*. Et à l'horizon de l'échéance hypothétique, celui des trente-sept ans, il se demande comment les choses se passeront pour lui. Sera-ce une décision franche, une rupture marquée qui l'attendra un jour quelque part comme un curieux messager venu à sa rencontre lui dire, c'est terminé? À la place, resterait une délicatesse sincère, une sorte de componction toute pétrie de renoncement, une absence, un vide, un creux, dans quelque endroit obscur et secret, précis et indécelable de son être. Mais ça pourrait être plus long aussi, une approche lente, une baisse progressive de régime, une façon de surseoir, de rallonger les périodes, de renvoyer *sine die*. Une sagesse sereine remplacerait peu à peu les anciennes inquiétudes, ses jours seraient routiniers sans rien altérer de la joie dont on s'étonnerait autour de lui. Mais non, pas du tout, ça ne lui manque pas. Il se consacre à autre chose, voilà tout. Ou bien peut-être encore sera-ce fracassant : tu sais, j'ai décidé, c'est décidé, tout ça, pour moi, terminé, point final. Nul doute qu'une pareille annonce ferait de lui une vedette. On lui proposerait de venir à la télévision expliquer son choix. On l'installerait sur une estrade, en avant du public, des caméras pointées partout comme de curieuses loupes, et un présentateur se pencherait vers lui : alors vous, voilà, un jour, vous avez décidé, expliquez-nous comment vous en êtes arrivé là, ça ne vous manque pas, pas de regrets ; et si c'était à refaire. Si c'était à refaire, nul doute qu'il le referait, mais voilà, ce n'est pas fait, et il hésite toujours sur la méthode. Pourtant chaque nouvelle expérience, et jusqu'aux succès inattendus, aiguisent sa volonté : finir, en finir, ne plus recommencer, ne plus accepter l'humiliation, refuser de descendre encore et encore, ne pas transiger, rester comme un roc. Puis un doute l'ébranle : sûr que son geste sonnerait le rappel de disciples fidèles et zélés, et d'autres seulement curieux de tester ses résistances et prêts à toutes les ruses pour le mettre en contradiction avec son vœu. Des scandales éclateraient. On l'inviterait sur un autre plateau pour dire toute la vérité sur les rumeurs qui polluent votre existence depuis des mois. Oui ou non. Autour de lui, des sourires incrédules attendraient avec délices une mise au point. Oui ou non, répondez franchement, ne trichez pas, le public vous regarde, il veut savoir. Vous avez créé un réel engouement, d'une certaine façon, on peut le dire comme ça, vous êtes une vedette, et déjà certains vous accusent, que leur répondez-vous : oui ou non. Oui ou non, c'est bien toujours la question. Mais Freud lui, Freud, comment s'y est-il pris? Il a fermé boutique un jour, voilà, c'est fait, passons à autre chose. C'est idiot, mais s'il ne l'avait pas connu, il est persuadé que pour lui aussi cet événement serait arrivé à son heure; il l'aurait surpris dans un moment quelconque de l'existence, mûr pour ce choix, et tout se serait accompli sans dilemme et sans drame. Dans son vocabulaire, Freud aurait dû être un mot parmi d'autres, sans renvoyer, par-delà les clichés auxquels se raccroche l'honnête homme, la sexualité, l'association libre, les débats infinis sur la cure, à rien de précis; il voudrait ne pas avoir visité l'appartement de Vienne, Bergasse, et celui de Hampstead Heath, à Londres, qui l'ont tant ému; il n'aurait pas fallu voir les statuettes égyptiennes ni le divan et les lunettes du maître posées sur le bureau, ni mis ses pas dans les siens, en imaginant sa dernière année, la mâchoire dévorée d'un cancer. Drôle de personnage quand même, fermer boutique à trente-sept ans, on ne sait pas pourquoi, plus de son âge, fini tout ça, passons aux choses sérieuses, la psychanalyse, le grand œuvre. Le doigt lui indique la voie, ou plutôt lui montre l'impasse et le renoncement. Il faut en finir, tu es un homme maintenant. Mais cette apostrophe, paradoxalement, l'infantilise. Freud n'eut besoin de personne. Il a fait ce qu'il fallait et hop!: on se reboutonne, on tourne la page, on ferme boutique. On n'imagine pas cette petite chose dans le giron familial. En a-t-il seulement parlé à Martha? Ou si délicatement, passagèrement, comme on remarque un nuage dans le ciel, et basta, rien de plus. Il s'était levé de la table du petit-déjeuner, et Martha savait quel homme elle avait épousé. Elle n'en aura rien dit à personne non plus, mais, depuis, elle ne voit plus son mari qu'auréolé de cette décision sublime, elle entrevoit ce qu'il va faire, l'extraordinaire destin qui l'attend. Elle aussi sait que ça ne sera pas facile. La servante qui dessert devine la tristesse de madame. Madame n'est pas dans son assiette, aujourd'hui. Oui, il croit qu'il comprend Martha, le sacrifice plus noble encore qui fut le sien, muet et sans compensation celui-là. Pour elle, seulement l'ombre du foyer, les soins du malade et les terreurs de l'impuissance devant les attaques : il y en eut tant, pas de mois sans querelles. Mais aux pires moments, elle pouvait s'appuyer sur une forte décision, sur cette sorte d'exception formidable qui la mettait à l'abri : il avait choisi sa vie avant que le destin ne le choisisse, lui, et au cœur des éléments déchaînés, l'existence continuerait sereinement, les malheurs s'abattraient sans amoindrir sa force de conviction ni son amour ; et aussi loin que la vie la pousserait, elle se souviendrait de ce matin-là, de la délicatesse de Sigismund, son geste d'essuyer ses lèvres, puis le baiser qu'il avait déposé au creux de sa main entrouverte : elle sait déjà tout ce que cet homme va faire et tout ce qu'elle-même fera pour être à sa hauteur. Et il la voit soudain sa vie, là, comme madame Freud, assise à la table du petit-déjeuner, avec la bonne qui dessert et qui s'inquiète : Madame n'a pas l'air dans son assiette aujourd'hui. Martha répond que, non, non, tout va bien. C'est un jour merveilleux, mais on ne peut le dire à personne.

Francine Allard

L'imparfait de l'indicatif

Parler ou garder le silence?

Le soleil était tenace, cet après-midi-là. Ses yeux souffraient du feu qui les brûlait comme si quelqu'un tenait une loupe entre lui et le ciel. Une brûlure qui ne le dérangeait pas beaucoup, puisque c'était la dernière fois qu'il regardait le soleil en face sans ses lunettes fumées. Devant lui, comme dans un clip à Musique Plus, une jeune femme se coiffait en regardant par la fenêtre du building d'en face le temps qu'il faisait avant de s'engouffrer dans l'ascenseur pour aller dîner. Il la trouvait jolie, lui qui ne regardait les jeunes filles que pour leur donner un conseil ou avant de les diriger vers la personne qui les aiderait au CLSC de Verdun. Il ne regardait plus les filles parce qu'il avait trop souffert de leurs moqueries, de leur impatience, de leur médiocrité. Et qu'aucune n'avait su plaire à sa mère.

Celle-là qui se coiffait au centre du cadre de la fenêtre aurait pu être la jeune fille de Vermeer ou de Cézanne; il le saurait s'il avait le temps de consulter son livre sur les peintres mais il devait terminer ce qu'il avait convenu de faire depuis deux semaines.

La jeune fille disparue, la vitre immense se couvrit du bleu du ciel et devint aussi liquide que la mer de Grèce où il avait passé ses vacances dix années auparavant.

Chaussés ou pieds nus?

Il avait enlevé le combiné de son socle pour ne pas recevoir d'appels pendant qu'il exécutait la chose la plus décisive qu'il ne s'était jamais accordé de faire. Il avait retiré ses chaussures. *Mon dieu que la semelle est difforme. Je dois marcher les pieds par dedans puisque le caoutchouc ne s'est pas usé partout de la même manière. Maman m'a toujours dit que j'étais né les pieds croches. Mais elle n'a mangé que du chocolat aux cerises durant toute sa grossesse. Elle s'en est toujours vantée comme d'une bonne action alors que moi, le fœtus obèse, je poussais avec les pieds croches. S'il n'y avait eu que cela.*

Avec ou sans sa mère?

Elle était éteinte comme la peau de son visage. Aussi grise qu'une vieille souris, craquelée, sortie des griffes d'un chat rappelé par son maître sur le palier de sa demeure. Elle fumait cent cigarettes par jour et toussotait en écrasant son dernier mégot dans le cendrier plein. Elle y mettait souvent le feu qu'elle laissait brûler en brassant la cendre. Un jeu. Papier, ciseau, allumette, comme lorsqu'il était petit garçon.

Il avait enlevé sa montre puisque l'heure n'avait, elle non plus, pas tellement d'importance.

Une montre avec un bracelet de cuir mou. Il ne l'aimait pas beaucoup, mais les bracelets de montre en métal lui rendaient la peau du poignet vert-de-gris et de petites cloques surgissaient sous le cercle qui menait ses aiguilles rondement, martelant les secondes dans un léger cliquetis saccadé.

Il avait congelé le beurre, le pain, et même le fromage qui restaient sur l'armoire de la cuisine.

La nourriture coûtait cher et elle pourrait quand même être utile à quelqu'un. Il avait arrosé ses plantes pour contrer la sécheresse des calorifères à l'eau chaude qui pompaient sous l'allège de la fenêtre. Il avait nettoyé la salle de bains, essuyé le dentifrice qui avait laissé des coulisses bleutées dans le lavabo, ramassé les cheveux qui s'étaient une fois de plus détachés de son crâne à la Marceau.

J'habite ou j'habitais?

Il avait attrapé un *post-it* jaune et avait griffonné son nom. Puis il l'avait roulé en boule et l'avait jeté dans la corbeille, s'en était pris un autre et cette fois, avait écrit: *j'habite le 1611.*

Il aurait pu écrire l'adresse de sa mère ou celle de Louis. Mais en écrivant *j'habite le 1611*, il n'y aurait aucune ambiguïté.

Il aurait, bien sûr, pu écrire *j'habitais le 1611* puisqu'il avait décidé qu'il n'y reviendrait pas de sitôt, mais il avait choisi l'indicatif présent plutôt que l'imparfait. Pour lui, cette distinction revêtait une grande importance. Peut-être voulait-il appeler ou revenir après tout. Après tout ce qu'il avait lu dans son petit catéchisme.

Rester ou y aller enfin ?

Il ouvrit la porte qui donnait sur une petite terrasse de béton. Le soleil était encore plus chaud que tout à l'heure. En bas, des douzaines de jeunes femmes, toutes pareilles à celle qui se coiffait dans la fenêtre, ressemblaient à d'étranges poupées de papier, leurs petites jambes les menant l'une à la banque, l'autre à l'Hôpital de Montréal pour enfants à deux pas, et d'autres encore vers le restaurant le plus près. Il n'avait pas faim. Il avait bien déjeuné. Un sandwich au jambon et du fromage suisse. Quelques olives et un 7-Up. Deux cigarettes.

Il avait fini de regarder en bas. La parade qui s'animait à l'heure du dîner s'était arrêtée comme si la musique avait cessé subitement. Il essuya, avec sa main, le dessus de la petite table pliante qui avait passé l'hiver sur la terrasse, et il grimpa sur le parapet en s'appuyant sur le mur de briques, salies par la présence tenace d'un couple de pigeons, puis, après avoir respiré une longue bouffée de l'air printanier, il sauta. Il sauta. Quinze, quatorze, treize, douze, onze, dix, neuf, huit, sept, six… Il ne vit pas les cinq derniers étages. Il avait fermé les yeux. Une jeune secrétaire poussa un cri. Un toit de voiture se fracassa. Un corps rebondit sur le macadam de la rue Tupper.

Allô Police arriva en premier mandé par une quelconque *commère de bas étage*, c'est le cas de le dire.

Puis une voiture de police suivit quelques minutes plus tard. On se rassembla autour de lui. On l'accusa d'avoir échoué sur le toit d'une Mercedes. On pleura même. Que des inconnus.

Puis sa mère arriva, brisée comme un vieux morceau de pain sec. Elle reconnut les pieds qui dépassaient de la bâche bleue qu'on avait déposée sur son fils. Elle sut ce jour-là de fin de mars que sa vie à elle venait de s'achever.

Oka, le 21 septembre 2010

Caroline Rivest

Le cougar et l'himalayen

Il y a quelques semaines, j'ai obtenu un contrat dans la ville voisine et j'ai pu m'installer chez un ami. Il avait récemment pris un nouveau colocataire, et je partage l'appartement avec deux garçons dans la fleur de l'âge, buveux de bière et fervents de hockey. Parfois, le soir, je les accompagne dans leurs déboires, avec une tasse de thé vert. Je me couche par contre beaucoup plus tôt qu'eux, avec des bouchons dans les oreilles. Je sursaute malgré tout, les dents serrées, à chaque victoire des Glorieux.

Nous trouvons quand même notre compte tous les trois, à faire nos courses ensemble et à nous croiser le matin. Au souper, les garçons m'offrent souvent une bière et partagent leurs plats raffinés, me détournant inconsciemment de ma quête de frugalité et de discipline. Ceci dit, j'avais déjà croisé le colocataire, il y a longtemps, lorsque je venais en visite, et c'est un peu comme si nous nous connaissions depuis toujours. Un Gamin d'à peine vingt ans, joli, un corps et des yeux magnifiques, mais a priori trop grand, trop poilu, trop tatoué, trop percé pour que je m'y attarde.

Au fil des jours, étrangement, quelque chose de palpable et d'invisible se dessine entre nous : un désir, presque un sentiment. Je me surprends parfois à fixer ses bras, ses mains, émue par sa façon de pencher la tête et de me sourire timidement, ses paupières toujours baissées sur ses grands yeux transparents. Sa beauté racée, féline, est hélas gaspillée par les mauvais tatouages. La nuit, depuis mon lit, je l'entends quasiment penser à moi. Peu s'en faut qu'un soir, pour rien, je choisisse consciemment de perdre la tête pour un Gamin de dix ans plus jeune que moi. Je suivrai le bouillant tourbillon des choses et réparerai les pots cassés, le temps venu.

*

Pour suivre l'appel de l'amour, j'ai dû quitter Amoureux, mon vrai, dix ans de vie commune. Il a fallu faire vite, dans le tourbillon des choses, et retourner dans la grande ville, faire mes boîtes. À mon arrivée, notre logement est désert. Seul mon chat dort paisiblement sur sa couverture en tartan écossais. J'ouvre chacun de mes paquets : je sais que mon Amoureux y aura laissé les marques de son dernier passage. Je déchire chaque boîte, comme une enragée. Le bord de mon pantalon trempé de calcium marque le sol à chacun de mes pas stressés. Les petites roches et le sable salissent le plancher de bois franc, laissant partout des traces d'hiver urbain.

Je trouve, finalement, au fond d'une boîte, tous les cadeaux que je lui avais offerts au fil des ans : un t-shirt, une tasse à café, un aimant à frigo en forme de chat. Un cadeau aussi, bien camouflé, plus touchant que le reste : sa Pléiade de Baudelaire et son édition allemande des *Fleurs du mal* attendent d'être découverts. Mon cœur saute un tour. Je remballe le tout, en reniflant, referme la boîte qui s'en ira à l'entrepôt, avec le reste de mes choses, pour un temps.

Les déménageurs viennent rapidement m'aider, j'ai peu de choses et en une heure, il ne reste plus rien ici de moi, de nous. Lorsqu'ils partent, je prends un moment à faire les cent pas dans ce lieu de souvenirs, pas que bons. Encore un peu chez moi, je prends une douche, amuse mon chat, me commande un dîner. Je laisse ma brosse à dents dans la pharmacie, presque sans faire exprès, ma serviette humide sur le bord de la baignoire. Dans ma dernière lettre, j'écris *merci* et *pardon*. Les mêmes mots que j'avais dits à ma vieille chatte le jour maudit où j'ai dû la faire euthanasier. Les mêmes que je dirai à mes parents, un jour maudit, si j'ai la chance de les accompagner jusqu'au bout.

Avant de partir, je regarde tout, touche à tout, me rappelle mon Amoureux, son corps parfait, sans une once de gras ni un poil. Son univers : ses vêtements, ses notes d'étude, les colonnes de chiffres bien alignés. En sanglots, je nettoie brièvement le parquet boueux avant de fermer la porte derrière moi. Je pèse mes pas en marchant vers le métro, le visage penché pour me protéger de la pluie, les mains enfoncées dans mes poches. Tant de fois j'ai effectué ce trajet auparavant, dans ce quartier que je connais par cœur.

Rendue au terminus, je prends la file une demi-heure avant le départ, la place est bondée, on y respire à peine. Je commence à sentir monter mes larmes. Je serre les dents. Je crains de pleurer devant tout le monde autant que je crains de mourir étouffée si je me retiens. Je cours à la salle de bains, en tremblant, un sac trop lourd sur mon dos fatigué. La porte est fermée : un concierge s'y affaire. Je serre les dents encore plus fort et marche rapidement jusqu'à l'autre cabinet, bousculant des gens au passage, me demandant si, une fois rendue, j'aurai encore la force de pleurer. J'entre finalement dans une cabine, verrouille la porte, m'effondre bruyamment. Mon bel Amoureux, son chandail, ses livres, ses mémos avec des dessins de chats. Sa façon obscène de me faire l'amour, presque inavouable. Nos rêves de maison de campagne, de chasse à la perdrix et de bébé. Durant le long trajet d'autobus, je pleurerai encore, grelottant sous mes vêtements trempés, en notant mes souvenirs dans un petit cahier noir.

*

Le matin, le Gamin pose sa tête sur ma poitrine et m'enlace de ses longs bras, je passe mes mains autour de son cou tatoué. Posés ainsi, nous ressemblons à deux singes pendus à des arbres. « On est des arboricoles. » Il rit de l'image et un moment de bonheur éphémère s'imprime dans le cahier de nos mémoires.

Je fais bouillir de l'eau plusieurs fois par jour et prépare une théière. Je sers une tasse au Gamin. Presque toujours, il la laisse en plan et je la retrouve, plus tard, refroidie, sur le coin d'une table.

Après le souper, nous nous étendons sur le sofa pour regarder la télévision. Il s'installe en longueur, entre mes cuisses, le dos contre mon ventre, la tête posée sur ma poitrine. Je masse ses cheveux, gratte ses oreilles à le faire ronronner. Il s'endort ainsi, dans mes bras, comme un félin qui s'abandonne. Juste avant de ronfler, il murmure : « Je suis un minou *arboricole*, *ton* minou ». Je termine ma tasse de thé, reposée par le rythme régulier de son souffle endormi.

Chaque matin, je passe un temps à nettoyer la céramique et mes draps blancs couverts de ses poils noirs. J'en viens à m'ennuyer de mon petit chat, laissé en pension : vider sa litière, acheter ses croquettes, nettoyer ses poils sur le plancher…

J'ai emprunté quelques livres de bibliothèque pour le Gamin. Parmi les cinq ou six titres, il choisit *Les fleurs du mal.* J'approuve. Le matin, après l'amour, nous affrontons la pluie froide et sortons pour manger des œufs. Nous apportons des lectures, des journaux. Je le regarde studieusement penché sur ses poèmes baudelairiens. Le temps s'arrête, je suis émue. Au retour, nous troquons nos pantalons trempés pour des pyjamas de flanelle. Pour nous réchauffer, je prépare le thé. Il commence peu à peu à s'habituer : sans dire un mot, il termine sagement sa tasse.

Un après-midi de janvier, nous sommes seuls à la maison. Il pleut encore et nous grelottons comme des étudiants dans notre appartement mal isolé. Pour passer le temps, nous confectionnons une recette de biscuits aux brisures de chocolat. Je mange un peu de pâte crue avec les doigts. Le Gamin cuisine souvent des plats sophistiqués et les réussit à tous coups. Je le regarde entre les livres de recettes épars et la vaisselle sale qui s'empile sur le comptoir. La pluie contre la fenêtre fait écho au cliquetis de l'horloge.

J'aime regarder ses mains, sa mine concentrée, sa petite moue boudeuse qui remue lorsqu'il se laisse absorber par son travail. Avec mes cinq pieds et deux pouces, je m'habitue à me laisser attendrir par ce colosse tatoué qui, dans mes bras, redevient un enfant, un bébé en manque de tendresse. Durant la cuisson, je m'occupe de nettoyer la vaisselle, de ranger les livres de cuisine. Je passe le balai, comme chaque matin où je tente de faire disparaître ses poils qui couvrent mes appartements. Ensuite, nous prenons un instant de silence à boire du thé, sans dire un mot, presque sans nous regarder. Nous attendons le moment où la tension deviendra de plus en plus insoutenable. Alors nous nous prendrons par les mains et marcherons jusqu'à ma chambre, avides de nos souffles, de nos odeurs.

*

Un jour, sans avertissement, le Gamin tombe dans ses inquiétudes : ses peurs de n'être pas à la hauteur, pas important, utilisé, abandonné, rejeté. Il grince des dents lorsque, en après-midi, je le laisse quelques heures à lui-même pour aller pratiquer la musculation. C'est que nous n'arrivons presque plus à nous endurer à force de tourner en rond dans l'appartement frisquet. Je sors tous les jours, malgré la pluie. Mes moments au gym me permettent un tant soit peu de garder le cap au cœur de cette tempête passionnée.

À force d'incertitudes, la décrépitude s'annonce. Le Gamin est de plus en plus fauché. Je paie tout : l'épicerie, le savon, le thé d'après-midi, au bistro, où l'on se penche ensemble sur quelques mots croisés. Je paie le vin pour passer le temps où nous attendons mon chèque de chômage, mon contrat n'ayant toujours pas été renouvelé. Comme une mère, j'assume : après tout, me dis-je, c'est juste un gamin. Mon compte bancaire devient le baromètre qui m'indique le temps que pourra encore durer cette relation, chaque jour un peu plus lourde, un peu plus cassante.

Je le regarde boire gloutonnement mon lait à même le carton, comme un veau suspendu au pis de sa mère. J'en viens à me voir également comme une vache à lait, une *trop* bonne mère. Cela m'apparaît d'autant plus évident à la façon qu'il a de chercher mes seins, à tous moments, comme un chaton mal sevré qui rythme les coussins avec ses pattes sur les couvertures. La nuit, les matins, en regardant la télé, lorsqu'il m'accueille ou m'accompagne à la porte, toujours ses mains se promènent sur moi et trouvent, d'instinct, un peu de réconfort mammifère.

Un soir, il a encore trop bu et, comme chaque fois, il devient très désagréable. Je pars me coucher, sans l'attendre. Lorsqu'il me rejoint, je demande à rester seule : son énergie me rend mal à l'aise. Il pourra revenir après avoir dormi quelques heures. Je le regarde prendre un air piteux et remonter les marches tranquillement, son oreiller dans les bras, regardant plusieurs fois derrière. Je sais, pour ma part, que je dormirai bien : je n'aurai pas, au matin, à secouer ses poils de mes draps.

Il est d'une nature toute timide, taciturne, et presque en permanence, il referme ses paupières, fixe le sol. Seulement lorsqu'il se fâche contre moi, qu'il me rejette, il me regarde dans les yeux. Ses beaux grands écrans bleus deviennent alors des lasers qui cherchent à me brûler et à m'anéantir sous sa douleur d'enfant brisé. En entrant en relation avec moi, il a abandonné le reste de sa vie. Il ne travaille pas, n'étudie pas, ne voit plus personne. Il se perd lui-même et je paie cher sa perdition. Je deviens une sorte de sauveur, qui voit un potentiel endormi, avide de le sortir de son impasse, sans grand succès, malheureusement.

Chaque jour, il s'enfonce un peu plus, devient un peu plus incertain, un peu moins capable de subvenir à ses propres besoins. Il se laisse aller : son tour de taille épaissit, ses épaules voûtent, sa poitrine creuse. Il déguise chacune de ses peurs en méchanceté, et se nourrit à même mes provisions. Parfois, il prend un ton cinglant, plein de mépris, m'appelle *Madame*, me fait pleurer, en jubilant, me veut, ne me veut plus, avance recule. Même qu'il commence à m'ignorer, se donne une fausse importance, refuse de poser son livre lorsque j'ai besoin de lui parler. Un jour, il ne prend même plus la peine de répondre à mes salutations. J'en viens à préférer dormir seule, quitte à l'entendre faire les cents pas à l'étage, tendu, brimé, rejeté.

*

Sur un coup de tête, à force de chicanes, j'ai fui, en «retraite». Au monastère je rencontre deux filles, dont une psychologue qui travaille à un ouvrage sur l'hyper-sexualisation. Aux repas, qui doivent être pris en silence, nous jacassons comme des commères. Lors de notre dernier souper ensemble, nous échangeons à haute voix des obscénités, une vraie conversation de filles avec des mots comme *vibrateur, vulve, orgasme*. Je rougis presque à me rappeler que nous nous trouvons dans un lieu sacré, un temple de prières et de chrétienté. C'est tant pis pour ma fausse pudeur. Les sœurs, de toutes façons, ont une messe privée ce soir : nous ne sommes pas invitées. Nous nous sentons d'ailleurs bien trop accueillies dans notre entièreté pour sentir ne serait-ce que l'ombre d'un reproche.

*

Sœur Marie-Êva est une petite grand-maman crochue, tachetée, et qui, ma foi, doit avoir au moins cent ans. Son grand double menton mou vibre lorsqu'elle parle. Je ne sais pas trop à quoi m'attendre de son accompagnement, mais elle semble simplement heureuse de m'écouter, de me conseiller. Elle me suggère de créer un espace en moi pour accueillir quelqu'un qui m'aimera «d'un amour qui rend heureux». «Je t'ai vue hier à la messe. Je me suis dit que t'étais une belle femme.»

J'explique tout: mon Amoureux perdu et le Gamin, beau comme un enfant, fort comme un homme. Avec le Gamin, je joue à la mère, l'abrille la nuit, le nourrit, lui rapporte des surprises. J'aborde ma culpabilité aussi, ma peur d'être seule, le manque de travail qui m'angoisse, mes économies qui fondent. Marie-Êva croit que la peur est un écran qui nous empêche de voir le monde, mais qu'une fois qu'on a traversé l'écran, on cesse d'avoir peur. Elle me dit de partir: «Tu ne fais pas d'erreur en laissant ce garçon derrière toi. Tu as besoin de quelqu'un qui a plus d'envergure.» Elle comprend tout de même mon hésitation. «Tu es dans un tunnel, tu dois regarder la petite lumière au bout. Pour voir la lumière, il faut que tu cesses de vouloir agir en sauveur: sauve-*toi.*»

Je lui confie qu'à certains moments, je me demande s'il existe vraiment une force des choses dans le destin, je doute. «C'est parce que le doute fait partie de la foi. Celui qui ne croit pas, ne croit pas, tout simplement. Celui qui croit garde toujours un petit doute», dit-elle en plissant le coin taché de son œil vitreux, l'air concentré. «Avant de te demander si tu crois en Dieu, demande-toi si tu crois en l'Homme. En la Femme. En la Femme que *tu* es.» Marie-Êva est une *Lo que Sabe*: une vieille femme, une femme qui sait. Avant de me quitter pour sa prière, elle m'ouvre ses bras crochus: jamais si petit corps ne m'aura été aussi réconfortant.

Lorsque je rapporte mes clés à la réception, juste avant mon départ, on me remet une enveloppe. Marie-Êva m'a laissé une carte, avec sa belle écriture de vieille sœur tremblante. Son stylo à bille s'est vidé au fil de son message et elle a changé de couleur vers la fin. «Je crois en toi. L'avenir t'appartient. Bonne route.» Elle sait, plus lucidement que moi, quelle voie prendre, quels choix faire. Marie-Êva sait.

*

Au retour de ma retraite, j'ai refusé ses avances. Après une dispute, j'ai fui au gym, en claquant la porte. Tant bien que mal, j'ai tenté de provoquer la fin, mais sans succès, trop accrochée sans doute à nos quelques bons moments d'arboricoles matinaux.

Je ne l'ai d'ailleurs pas revu avant le lendemain où il est sorti de sa chambre dans son pyjama à carreaux. Le Gamin n'a pas dormi, cela saute aux yeux, et je le sens fébrile, presque dément. Un nouveau dessin sur son bras attire mon attention. Je demande à voir de plus près. La mâchoire m'en tombe lorsque je découvre son nouveau tatouage, en forme de théière, genre dessin animé, avec des coulisses de sang. Certains paient cher leur quête d'unicité. Je me mords la lèvre, me concentre pour garder mon sérieux. Pour le Gamin, il s'agit là de grand art, et il m'explique, avec tout le sérieux du monde, l'importance de ce rituel, le marquage du guerrier. J'écoute, feignant l'intérêt, l'approbation. Je m'étais presque habituée à ses tatouages ratés, qui gaspillent si vulgairement sa beauté angélique, mais un dessin de vaisselle, saignante en plus… Je ris intérieurement : pourquoi pas une tondeuse, un balai, un téléphone ? Le guerrier a de quoi se reposer. J'hésite un instant entre un fou rire et des larmes de compassion.

En désespoir de cause, le Gamin invite une copine à souper, comme un trappeur qui pose ses collets. *Juste* une amie qui l'aidera avec un projet d'artisanat. C'est qu'à défaut de participer à la communauté, il occupe ses journées à quelques créations. De *petits projets* comme il le dit si bien. Une jolie fille arrive, genre punkette, originale comme tous les autres originaux de son espèce, juste ce qu'il faut d'insignifiance dans le regard. Ils écoutent leur musique d'ados attardés en cousant de petits toutous. Ils pourraient presque ressembler à mes étudiants, l'envergure en moins. Le Gamin a reçu un peu d'argent et au lieu de me rembourser une part de ce que je lui ai donné, ou de faire des provisions, il reçoit sa nouvelle amie avec du fromage bleu, des plats raffinés. Durant la nuit, je les entends s'enfermer dans la chambre, en soupirant. Je rage. Sa vengeance me déshonore, me rend insomniaque. Je passe donc la nuit à faire mes boîtes en buvant du thé. J'ai touché cette fois les limites de la stagnation, c'est suffisant, et je reprends tout : mes savons, mon papier de toilette, mes boîtes de céréales…

*

Le lendemain matin, le Gamin a pleuré en me voyant sortir mes paquets. Il s'est lancé dans des déclarations d'amour, et m'a serré très fort, durant plusieurs heures, sa tête entre mes seins. En trop bonne mère, je me suis contentée d'essuyer ses larmes de crocodile et d'embrasser son front. Je l'ai écouté, les yeux fixés sur son tatouage de théière, avant de lâcher prise. Une fois les déménageurs partis avec mon lit et mes boîtes, j'ai sorti mes valises, une à une, et j'ai attendu mon taxi, le front appuyé contre la vitre, avec mes bottes et mon manteau. Le Gamin a continué de pleurer, en s'accrochant tristement à mes vêtements, comme un enfant qu'on abandonne.

Juste avant de sortir, je lui ai dit : «T'es comme un chat himalayen. T'es ben beau, t'es bien l'fun à flatter, mais tu coûtes trop cher, pis t'es trop compliqué pour que ça vaille la peine que je te garde. Pis en plus, tu perds trop de poils». Je lui ai tourné le dos et suis sortie, claquant la porte d'un geste théâtral. Dehors, le soleil avait presque achevé de sécher les dernières flaques de pluie.

LAURENT POLIQUIN

Ceviz

I

le frétillement invisible du hasard
au creux de tes hanches
rend à la naissance la noblesse du premier cri.
tes parents t'appelleront Ceviz.
tu n'as choisi ni ta naissance ni ton nom
ni ce lointain village de Turquie dont la
résonnance rappelle un
coup de semonce
qui rate sa cible

II

Ton papa a beaucoup voyagé à dos d'âne; la voiture ne l'a
jamais conquis. Alors quand le travail s'est mis à meugler
au loin, c'est la France qui l'attira avec ses promesses faites
de muscle et de sang. Tu as suivi, princesse.

III

le français est une langue
que mousse l'évidence
parce que le poème est une lumière.
elle fut tienne
jusque dans la moelle
muse chantante
guide du préau
elle t'a portée d'une lettre à l'autre
du mot

aux choses
du monde et de son déguisement
elle a désentravé cette contraignante culture de tes ancêtres.
à ce compte
la liberté est une orfèvrerie
et Littré Larousse et Robert même Furetière
sont bijoutiers

IV

La fragilité a poussé ton frère à cultiver son propre vide.
La violence l'a mal nourri oui et *étranglement* ne porte pas
assez de ces mains menaçantes qui ont serré ton honneur
bafoué, ni je-vais-te-tuer-salope qui strie la honte et font
du souvenir un tressaillement d'âme.

V

Aujourd'hui, tu vas à l'école. Sacoche à la main, ton sourire
ne s'étire pas tout seul. L'amour ondoie dans la rue, parce
que le regard coule de source. Tu parles, et ton accent
dessine en toi le signe de ta solitude. Les rues tissent ton
appartenance. Sur le banc d'école ce jour-là, l'étincelle du
verbe te féconde. Tu conjugues les tribulations de l'espace.
Dans ton cahier, tu notes l'écho du soleil qui cogne à la
fenêtre. De l'arbre qui te zieute au loin, tu as la patience
des feuilles et l'obscurité des racines. La cloche retentira,
espères-tu. Il est midi.

VI

tu iras manger ta pauvreté que
trahissent les légumes
en monticule dans ton assiette.
tu te montres en cette cantine
métaphore
qui désencombre le monde.
à toi seul témoin
de cette invisible souffrance
tu sais le temps ami des possibles

VII

ah comme la neige neigera en Canada
la vie t'attrapera
tes seuils d'affirmation évoquent des soupirs
tu prendras place parmi le rien
et le prophète s'évaporera par tes pores
il ira rejoindre les gueux de la ville
deviendra professeur de linguistique pragmatique
fumera des gitanes
assassinera Gainsbourg
tu vois qu'il est coupable de porosité
comme un virus
mouche-toi bien

VIII

Écrire le démuni de ta parole par le démuni de la parole,
nue et nue, en préparation pour la communion des êtres.

IX

quand tu portes à ta bouche
l'éclat des mots
ta tristesse coule fruit frais
sur tes lèvres

X

à ton retour à la maison
tu sais
que ton chez toi
se découvre là où tu vas
et non là d'où tu pars

XI

les lieux qui mettent la main sur toi
les objets aussi
complices
même dans leur modestie

posent leurs signes que tu décodes
dans ton affirmation
révolte naturelle
désobéissance culturelle
de ce qui s'impose à toi.
tu ne te marieras pas comme cela

XII

Au souper, la préséance se détourne de toi. Du poulet,
contente-toi des os et bois beaucoup d'eau pour que des vagues noient tes gargouilles. Dessers la table, Ceviz. Manger
inflige des sévices qui se cicatrisent dans le mouvement
circulaire d'une lavette.

XIII

La nuit, partage les ronflements familiaux. Dans ta chambre, qui n'est pas ta chambre, dans ton lit, qui n'est pas ton
lit, sur le sol emprunté, dors petite et sauve qui peut dans
un rêve où la justice aura rompu ses liens qui la retiennent
au dictionnaire.

XIV

à bien y voir
l'immigré joue de la perche
sur un chaland
quand de ton œil à ta bouche
le parcours d'une larme
témoigne de son voyage
abracadabrant autour de toi.
tu es un monde incarné par l'amer.
ton sourire s'offre en passeport à tes remontrances.
seule la paix ouvre la voie.

Hugues Corriveau

L'enveloppe

— Faudrait savoir !

— Je te l'ai dit, rien n'est simple. Ce n'est pas toujours noir ou blanc.

— Mais là, j'avoue, on ne peut pas tergiverser jusqu'à plus soif.

— Tu as de ces expressions !

— Quelle expression ? Je dis ce que je pense.

Le temps traînasse. Dans le bureau enfumé, Arthur a étendu ses jambes au-dessus de son bureau alors que Gaston se gratte le nez. Une mouche vrombit un moment autour des têtes somnolentes. Deux pantins de son avachis sur leur siège. Pas d'autre mouvement que celui d'une araignée cherchant éperdument la piste d'une proie. Le soleil s'écrase, crasseux, sur les vitres mal lavées. On dirait l'approche d'une déperdition sans fin qui abîmerait l'espace en une seule respiration. Arthur se nettoie le nez, Gaston éructe. Les choses du monde sont à leur place.

Le dossier posé devant eux s'empoussière. Ils en sont les gardiens. Rien ne tremble, pas une feuille ne frémit, juste un « frou » au passage des palmes du ventilateur au-dessus d'eux. Frou – et frou – et frou dans l'amoncellement des particules de poussière reflétées par le soleil fragile qui pénètre à peine par les fenêtres. L'air stagne, même l'heure. Les deux hommes soupirent de temps à autre pour s'empêcher de s'endormir ou pour donner signe de vie. Un ennui gluant suppure. Ils attendent des ordres qui tardent à venir.

Deux jours plus tôt, on leur avait confié le dossier, maintenant posé sur le bureau, avec l'interdiction de le lire. Ils ne savent plus quoi faire de l'angoisse poisseuse qui sourd en eux. Des heures à essayer d'oublier le rapport. Ils savent qu'à tout moment la porte peut s'ouvrir, que le patron peut venir leur demander ce qu'ils pensent de cette situation. Ils craignent plus que tout ces confrontations qui les rendent exsangues. Ils ne sauront pas quoi dire, comment se montrer intelligents. Ils attendront que le déferlement des insultes les englue sous l'opprobre, qu'ils deviennent plus encore des chiffes, des moins que rien, inutiles protozoaires.

— Vous en dites quoi?

Mais le jour passe, tremble dans la touffeur, s'étire, ajoute une heure à l'heure, s'empêtre dans une brunante à peine naissante, se laisse choir dans la nuit sans plus d'attention à nos deux zigotos affalés.

Ils recommenceront demain leur interminable attente. Pour l'heure, comme si un mécanisme interne leur avait indiqué qu'il était temps de se préparer à jouir un peu de la vie, ils se lèvent de concert, enfilent leur manteau manche par manche, d'abord la droite, puis la gauche, en harmonie parfaite, claquent des talons pour un salut militaire, fixent la porte puis se dévisagent attentivement. Et Arthur de dire: «C'est à ton tour.» Alors, bombant le torse devant son importance, Gaston tend la main vers la poignée, la tourne et laisse passer Arthur qui, fièrement, franchit le seuil le premier. La cour où ils ont droit de prendre l'air est minuscule, ceinturée de hauts murs de pierres.

Laissé sans surveillance, sur la table, le dossier bée, lançant dans l'air de la pièce des mots inaudibles mais angéliques qui font des cabrioles. La nuit sera longue. Jusqu'à ce que Gaston et Arthur reprennent leur station et surveillent de près l'échappée éventuelle de quelque secret, un intermède leur fait croire que les étoiles brillent pour eux seuls.

*

L'angoisse les étreint tous deux, chacun un café à la main, quand ils pénètrent dans la pièce. Le dossier sera-t-il là? L'aura-t-on volé?

On leur avait téléphoné, il y avait plus d'une semaine, pour leur signaler que le lendemain la surveillance allait commencer, que cela durerait le temps nécessaire. Eux qui croyaient la tâche éphémère, à peine pour quelques heures, un jour ou deux tout au plus, ils se sont bien trompés. Les voici assignés à demeure devant cette chemise remplie de papiers secrets qu'ils n'ont pas encore osé déchiffrer.

Le «Top secret» inscrit sur la pochette de carton jaunâtre les en a dissuadés. Mais la tentation est vive. L'envie de l'ouvrir, d'en dépouiller le contenu, feuille à feuille, peut-être même photo après photo, le sang giclant sans doute dans chacun des clichés, les tenaille. Preuves d'un assassinat politique peut-être, d'une filature d'amants pris en faute, d'une torture de prisonniers? Ils ont supputé ainsi pendant de longues heures, jetant un coup d'œil de temps à autre sur le paysage gris et automnal derrière les vitres sales et grillagées.

— Il faut dire que notre vie est terne et moche.

— Parfaitement lénifiante.

— Tu as de ces mots parfois!

— On ne doit pas renoncer à la précision de la pensée.

— N'empêche. Y jeter un coup d'œil, juste un peu.

— Sur notre vie?

— Mais non, sur le dossier. Si on a confiance en nous pour surveiller un paquet de feuilles secrètes, on devrait aussi nous permettre de savoir ce que nous gardons si précieusement.

Le temps s'est étiré jusqu'à la catatonie. Un silence a refoulé loin en eux ce désir de transgression qui ne leur est pas habituel. Vaut mieux que l'objet soit devant eux, qu'il s'impose entier dans son anonymat. Il leur faut supputer de nouveau, et encore, et encore, leur envie. Tant de difficulté à résister que les muscles leur font mal.

— Je vais pisser.

— Moi aussi.

Retarder l'échéance. Se soustraire à l'évidence. Les horloges du building se sont mises à sonner de concert, tonitruant carillon. Soulagés, ils sont revenus vers leur angoisse, inéluctable plaisir.

— Pas maintenant.

— Pas aujourd'hui. Peut-être pas aujourd'hui…

La fumée des cigarettes corrompt l'atmosphère. Ils toussent à tour de rôle. Ils veulent faire passer les minutes plus vite en jouant une patience, en essayant difficilement de combler quelques cases du mot croisé. Même le résultat catastrophique de la partie de hockey de la veille ne réussit pas à les mettre hors d'eux. Rien à faire. Leur vie ne tient plus qu'à quelques feuilles cachées dans une pochette. Gaston se gratte. Lucien lui dit d'arrêter car il aura la peau en sang. Immobiles, ils voudraient avoir faim. L'espace rectangulaire de la pièce les tient enfermés dans un cadre géométrique ravageur.

— Il faudra bien nous décider, tu ne crois pas? Nous ne sommes pas pour rester ici *ad vitam aeternam.*

— Un peu de courage, c'est ce qu'il nous faut.

— Mais après? Que va-t-il nous arriver, après?

— Que peut-il nous arriver de pire que d'être là depuis des semaines à surveiller une enveloppe? Deux pour surveiller une enveloppe. Tu te rends compte!

— Alors, allons-y.

Gaston prend un coupe-papier et lentement, avec une délicatesse de couturière, soulève lentement le rabat. Le petit bruit du papier presque craquant sous la lame les met en émoi. Ils halètent, pris soudain d'un léger fou rire qui les fait se comporter ainsi que des collégiens prêts pour une bêtise. Et puis l'enveloppe bâille.

Le souffle court, ils l'entrouvrent, jettent un coup d'œil, rougissent. Un seul minuscule feuillet au fond, dissimulé.

Arthur arrache l'enveloppe des mains de Gaston, scrute à son tour, ressent une piqûre sur le bout des doigts, glisse sa main, retire lentement le papier lisse et vulgaire. La feuille est pliée. Il repose l'enveloppe, zieute Gaston, déplie le feuillet. Trois lignes seulement. Minces traits d'encre qui les ont obsédés depuis si longtemps.

Gaston étire le cou, met littéralement sa tête sur l'épaule d'Arthur. Ils lisent d'une voix commune l'invraisemblable message:

> *Arthur devra surveiller sans relâche Gaston.*
> *Gaston devra surveiller sans relâche Arthur.*
> *Débrouillez-vous pour qu'ils ne se quittent pas une seconde.*

> *La direction*

Voilà pourquoi on les a obligés à dormir dans les locaux de l'Agence depuis des semaines, voilà pourquoi on leur a livré leurs repas, interdit le monde extérieur.

Interloqués, ils s'affrontent. Une suspicion insidieuse gagne irrémédiablement leur âme. Sans s'en rendre compte, ils s'éloignent lentement l'un de l'autre. En silence, ils s'assoient, font semblant de méditer. Mais ils cherchent la raison de ce travail.

Dans la pièce, on entend les pales du ventilateur faire des couic – et couic – et couic. L'air est vicié comme d'habitude.

« Qu'a bien pu faire Arthur, se demande Gaston, pour qu'on lui impose ainsi une surveillance rapprochée ? » « Qu'a bien pu faire Gaston ? », se demande Arthur qui prend une noix dans le bol devant lui, la croque, finit par se mâchouiller les lèvres.

L'heure passe. On frappe à la porte. Un livreur tient deux boîtes de carton jaune qui contiennent leur souper. La porte se referme sans un mot. Gaston dépose une boîte devant Arthur.

— Tu as faim ?

La question n'a aucun but précis sauf celui de meubler la première heure de leur nouvelle conscience. Ils sentent que le temps est relancé, que dorénavant ils n'auront plus qu'une seule espérance, celle de voir s'ouvrir cette porte pour les délivrer l'un de l'autre.

Arthur ne peut s'empêcher d'être nerveux quand il remet la boîte vidée de son repas. Il craint qu'on ne s'aperçoive qu'il a gardé le couteau.

Michaël La Chance

L'énigme de la salamandre

Chacune de nos attitudes étant une syllabe dans la phrase entière de la nature humaine, il faut que nous soyons tous mis à contribution pour en compléter la signification.
William James

Un nouvel employé des postes doit classer le courrier avant la tournée du facteur. Ses premiers jours au bureau se passent bien, il trouve son travail monotone, il ne connaît personne, on lui prête peu attention. Certaines lettres lui donnent du fil à retordre : ce sont les envois adressés rue Dilemme, les adresses sont incomplètes. «À l'Amoureux, première maison rue Dilemme». Il se renseigne et apprend que la rue n'a que cinq maisons, le numéro 1 est en haut de la colline et le 5 en bas. Alors, cette enveloppe va sur le dessus de la pile. D'autres envois sont moins évidents : «À l'Égoïste, maison rouge rue Dilemme». N'ayant jamais été sur cette rue, l'employé ne saurait identifier les résidents et ne connaît pas la couleur des maisons. Il se trouve embarrassé de classer une carte postale ainsi libellée : «À ceux qui ne veulent pas que le monde change. Rue Dilemme».

Le nouvel employé classe le courrier qu'il attache avec des élastiques. Le facteur passe en coup de vent ramasser ses paquets, il est toujours pressé. L'employé voudrait lui poser quelques questions, mais le vieux facteur se contente de marmonner en sortant, le sac sur l'épaule. Ce facteur connaît très bien les résidents de la rue Dilemme qu'il désigne par des surnoms. Il le faut bien car les lettres sont adressées au Rêveur ou encore à l'Égoïste, au Cérébral, à l'Amoureux et finalement à l'Amer. Parfois les destinataires sont au féminin, ce sera «Mme Rêveuse», parfois ce sera un couple « M. et Mme Égoïstes ». L'employé s'étonne du caractère contrasté des résidents de cette rue, il remarque que ceux-ci constituent un éventail assez complet des tempéraments de base de la nature humaine. Ainsi la rue Dilemme représente toute l'humanité, chaque résident illustre de façon exemplaire un aspect fondamental de cette humanité. Mais, l'employé se méfie de ce genre de raisonnement : on se réfugie dans les généralités lorsque les détails nous échappent.

L'employé tente d'en apprendre davantage, il soupçonne que le facteur cache quelque chose. Celui-ci s'empresse de disparaître sitôt ses paquets dans son sac. Chose étrange, cette rue ne figure pas sur la carte. Alors il cherche en tous lieux, scrute à la loupe les nouveaux développements, il envisage que la rue Dilemme n'existe pas, ou encore que ses habitations seraient dispersées dans la ville. Mais il se raisonne, ce n'est pas parce qu'ils sont différents que les résidents de la rue Dilemme sont distants. D'après ce qu'en dit le facteur, les maisons n'ont rien en commun, leurs couleurs sont différentes, les occupants ont des intérêts très spécifiques. Le vieux facteur sait tout d'eux, il connaît les animaux de compagnie de chacun, l'aménagement de chaque maison, qui a un cinéma maison, ou une salle de gym... Ce qui lui permet d'acheminer le courrier sans difficulté.

Le vieux facteur se plaint en fin de journée que son courrier n'a pas été convenablement classé ! Le jeune employé explique que, s'il connaît l'adresse de l'Amoureux, il ne connaît pas les autres. Le facteur lui répond : « C'est normal, tout le monde sait où habite l'Amoureux, son nom suffit à le rendre populaire, parfois c'est le seul aspect de l'être humain que les gens voudraient connaître. Mais tu distribues le courrier de gens bien réels, comme tu peux le voir quand tu vas chez eux, alors tu ne peux pas te contenter du nom des destinataires, tu dois savoir mille choses sur eux. Tu dois connaître leur tempérament, leurs penchants et leurs aspirations. Toi-même, lorsqu'on t'appelle par ton nom, est-ce que ton nom dit tout ce qu'on peut savoir de toi ? Le facteur s'est déjà éclipsé, laissant l'employé dans le doute, mais déjà il prend des notes, il remplit des grilles qu'il épingle devant son bureau. Désormais il ouvre les

lettres qui lui passent entre les mains, cette indiscrétion lui
paraît nécessaire afin qu'elles parviennent à bon port.

L'employé s'efforce d'établir un lien entre la personnalité du résident et la couleur des maisons, dont il ne sait
toujours pas la position. L'occupant de la maison bleue
veut tout savoir, celui de la maison jaune s'effraie de tout,
un petit rien remplit de gratitude l'occupant de la maison
verte. Le propriétaire de la maison rouge se vante de ses
succès, l'habitant de la maison blanche est souvent appelé
à jouer le rôle de médiateur. L'employé des postes n'est pas
surpris, c'est bien les valeurs qu'il associe intuitivement
aux couleurs, pourtant le doute reste entier, il soupçonne
que cette classification en dit davantage sur ses attentes
qu'elle n'en dit sur les résidents de la rue Dilemme.

Les résidents ont des aspirations très différentes, comme
on le voit du courrier qu'ils reçoivent. L'un est préoccupé de
plaisir qu'il se procure par tous les moyens, l'autre a l'obsession de toujours commencer de nouvelles choses : à chaque jour, il arrête une chose pour en commencer une autre.
Un résident, plutôt solitaire, poursuit une quête spirituelle ;
un autre reçoit continuellement de nouveaux convives, un
autre recherche de nouvelles méthodes de rangement. Ils
ont des visées différentes, pourtant ils semblent partager
une conviction : l'aménagement de certaines pièces de leur
maison saura contribuer à l'accomplissement de leur être.

Le facteur prétend reconnaître les caractéristiques
fondamentales des résidents à partir des détails les plus
fortuits. Il peut décliner leur contribution à la société à
partir de leur animal de compagnie ! Il connaît mille
détails mais par-dessus tout il doit se fier à son instinct,
comme lorsqu'il doit acheminer une lettre ainsi adressée :
« À qui de droit, qui saura forger des clés pour transformer
le monde. Rue Dilemme ».

Dès qu'il en a l'occasion, le jeune employé rassemble
ses notes, procède pas associations et éliminations, qu'il
cherche à faire valider par le facteur. Ce qui se révèle difficile car ce dernier est porté à mettre en évidence des
voisinages incongrus, plutôt qu'à donner des descriptions
plus complètes. Le facteur soutient que les indications
qu'il a données jusqu'ici seront suffisantes. Voici ce que
l'employé a noté :

« L'*Égoïste* reste insouciant face à un monde qui le dépasse. Il éprouve la plus grande indifférence envers les autres, dont les malheurs lui paraissent inévitables lorqu'ils sont soumis à la loi du plus fort, bref l'Égoïste habite la maison *rouge*.

Le *Rêveur* voudrait contribuer au bien-être de l'humanité en offrant au monde de nouvelles clés de *transformation*, mais il ne sait rien planifier ; en attendant il promène son *chien*.

L'*Amer* a une soif de *nouveaux commencements*.

La maison *verte* est juste au-dessus de la maison *blanche*.

L'occupant de la maison *verte* admet volontiers qu'il recherche essentiellement le plaisir. Il reçoit des revues de gastronomie et aussi des films érotiques.

Parmi les résidents, le plus *séduisant* a des intérêts musicaux, reçoit des musiciens dans son studio d'enregistrement, il offre aussi des ateliers de scénarisation, il cultive le talent des autres comme il prend soin de ses *oiseaux* exotiques – le rapprochement n'est pas fortuit.

Celui qui s'effraie de tout, terré dans sa maison *jaune*, reçoit régulièrement des rapports financiers de compagnies. Il se défend d'avoir pour seule ambition de s'enrichir, il passe beaucoup de temps à restaurer des voitures anciennes dans son *garage*.

Celui qui vit dans la maison du *milieu* reçoit tous les soirs à dîner, il aime les fêtes, on lui écrit de partout pour le remercier de son hospitalité.

L'*Amoureux* vit dans la *première* maison.

Le résident qui a un *dojo* est le voisin immédiat de celui qui a un *chat*. »

Le facteur semble désapprouver certains styles de vie :

« Un des résidents de la rue Dilemme est parvenu à s'enrichir grâce à de petits commerces, des *biens éphémères* qui iront se perdre dans la boulimie planétaire. Ce qui lui donne les moyens de cultiver une passion pour les *chevaux*. Son voisin n'est pas en reste, il collectionne des voitures de luxe, bien que cela ne soit pas vraiment comparable. »

Le facteur s'étonne de certains voisinages, il met en relief certains contrastes :

«Celui qui passe plusieurs heures par jour dans son *gym* est obsédé par l'ordre. Il se veut hautement lucide et pratique, il reçoit une abondance de suppléments vitaminiques et de revues de psychologie.»

Le facteur manifeste son dédain pour l'intellectuel de la rue Dilemme, il en fait savoir la raison : il ne fait pas de doute que le cérébral a la capacité d'appréhender les grands ensembles, mais il ne les entrevoit que très brièvement. Comme le paysage d'une nuit d'orage est subitement révélé par un éclair et disparaît aussitôt. Passé cet éblouissement instructif, le cérébral redevient aveugle. Il ne sait plus ce qu'il a vu et ce qu'il doit faire. Curieusement, ceci expliquerait pourquoi l'intellectuel passe ses soirées dans le confort de son *cinéma maison*.

L'*Amoureux* vit à côté de la maison *bleue*.

Le résident qui médite le matin dans son *dojo* se réjouit de son voisinage avec celui qui exprime son désir de *spiritualité* par le jardinage.

L'employé entreprend de rassembler ces indications dans un tableau, mais ce dernier n'est pas assez complet pour acheminer un catalogue avec cette adresse : «Pour la salamandre, rue Dilemme». Certes, pour connaître les gens il faut prêter attention aux termes dans lesquels leurs proches s'adressent à eux.

Récapitulons : l'Amoureux réside dans la première maison en haut de la colline. La deuxième maison (à partir du sommet) est bleue, puisque l'Amoureux est un voisin immédiat de la maison bleue. Pour le reste, rien n'est explicite, sinon que la maison du milieu de la colline est occupée par une personne qui reçoit beaucoup de visiteurs. À partir de là, il faut procéder par associations et éliminations. *Le jeune employé nomme son tableau* : «*La Pentalogie de la rue Dilemme*». La plupart des cases sont vides.

N° de la porte	Couleur de la maison	Le surnom, tempérament	Notre penchant	Nos désirs, aspirations, attentes	Ce qu'il veut être et paraître : selon les pièces de la maison	Ce qu'il ajoute au monde, animaux de compagnie
1.		Amoureux				
2.	bleue		veut tout savoir			
3.				accueil		
4.						
5.						

Un jour, le vieux facteur n'est pas revenu de sa tournée, on ne sait pas s'il a distribué son dernier courrier. Le jeune employé lui avait remis ses enveloppes et paquets bien classés tôt le matin, avec parmi celles-ci une grande enveloppe pour la rue Dilemme sans destinataire sinon ce libellé : « Lis ceci comme si cela n'avait été écrit que pour toi. » Cet envoi a-t-il été acheminé à son destinataire – qui est-il ? Cette enveloppe a-t-elle été ouverte par le facteur – ce qui expliquerait sa défection ?

Comme tous les employés de poste qui se voient assigner une tournée, le facteur possède un carnet où il note les parcours et les horaires, qu'il laisse au bureau en fin de journée, afin que le service puisse le remplacer durant ses congés. C'est un petit carnet noir aux pages jaune Manille lignées. Le jeune employé s'attendait à y trouver des indications nouvelles, mais à la place il peut lire ceci :

« Nos attachements nous donnent de grandes joies, ils nous exposent cependant à souffrir de grandes pertes. Nous perdrons nos biens et notre santé, nous perdrons aussi des êtres chers. Certes, nous savions dès le départ que tout ceci serait éphémère, mais nous avons une croyance naïve dans notre pouvoir magique d'éterniser ce qu'on aime. Nous cherchons des attachements mesurés, où nous pourrons aimer les êtres comme s'ils étaient éternels, tout en sachant que l'éternité a déjà commencé, qu'ils n'ont d'éternité que notre amour dans cet instant. De plus, nos attachements se renforcent au contact de soifs concurrentes, car une diversité d'aspirations nous anime, c'est pêle-mêle une soif de plaisirs érotiques, la recherche d'un nouveau commencement, le besoin d'un souffle spirituel, le réconfort d'un accueil plus humain… »

L'employé est parvenu à remplir toutes les cases de sa pentalogie, mais rien n'est dans l'ordre :

Surnom, tempérament	La couleur des maisons	Le désir, l'aspiration	La volonté d'être, de paraître. Salle dans la maison	Animal de compagnie, ce qu'on laissera
l'Amoureux	bleue (minutieux)	plaisirs érotiques, de la table	riche, *garage* avec autos de luxe	des possibilités de transformation, *chien*
l'Égoïste	jaune (inquiet)	nouveau, commencement	vu et entendu : *cinéma maison*	la diversité et l'ampleur de nos représentations, *chat*
l'Amer	rouge (vaniteux)	souffle spirituel, élévation	fort, *salle de gym*	le renforcement du *statu quo*, *salamandre*
le Cérébral	verte (rempli de gratitude)	accueil plus humain	séduisant, *studio de son*	des biens matériels et éphémères, *cheval*
le Rêveur	blanche (porté au compromis)	lucidité, ordre, raison	en paix, *dojo*	des germes de la vie créatrice, *oiseau*

Faute d'en savoir davantage, l'employé développe une obsession des couleurs : il attribue le bleu aux gens minutieux, exhaustifs, obsessionnels, qui veulent tout savoir, qui sont portés à tout contrôler ; le jaune aux inquiets, aux craintifs portés à l'anxiété ; le rouge à ceux qui se font une haute idée d'eux-mêmes, qui cherchent la flatterie ; le vert à ceux qui éprouvent une gratitude envers la vie, portés à tout voir comme un don ; et finalement le blanc à ceux qui privilégient l'équilibre et le compromis.

L'employé ne part pas toute la journée sur la route, mais il tient un journal de bord, convaincu que ses longues heures de bureau sont un long voyage où il va à la rencontre de l'humanité. Auparavant son inexpérience l'inquiétait, maintenant il se dit : « Je dois réinventer ce que je ne sais pas, et ainsi le savoir autrement. » Dans son carnet de voyageur immobile il prend des notes :

« …peu de gens réalisent à quel point ils sont animés par des questions existentielles dans le menu détail de leur existence ; pourtant nous cherchons tous une signification à la vie, nous sommes prêts à changer de vie afin de coïncider avec une signification, si insipide soit-elle, pourvu que nous puissions ainsi valider notre expérience de vie. C'est en premier lieu un besoin de se prouver à soi-même qu'on vit bien ce qu'on vit. Personne

ne se croit assez mélodramatique pour rechercher un abso-
lu et pourtant nous avons tous une aversion native pour
l'erratique. C'est pourquoi chacun croit que le sens de la
vie est un secret, une petite histoire qu'on se fabrique, et
non un sens universel à découvrir.

[…]

Le sens est créé rétroactivement par les pratiques qu'il
permet d'initier, par les projets qu'il permet d'entrepren-
dre. Il se précède! Le sens surgit depuis des lieux, il est
porté par des gestes. Il suffit de passer le seuil d'une maison pour comprendre la volonté d'être, ou de paraître, de
ses résidents. »

Après des mois et des années, malgré la routine du
bureau, l'employé garde sa curiosité des premiers jours, il
comprend mieux le mutisme du facteur.

« C'est de connaître les visages de l'humanité, quand je
livre le courrier, que j'ai compris que je ne voudrais – pour
rien au monde – être à la place de quelqu'un d'autre. Certes je ne connaît pas toutes les facettes de l'existence, pour
l'essentiel elle m'échappe, je m'en donne un tableau in-
complet, mais pour l'heure j'aime ma vie.

Ceux qui développent un attachement excessif pour
leurs biens et leur apparence, dont la vie est absorbée par le
personnage qu'ils croient être devenus, qui tirent un sentiment d'accomplissement de leur statut social, ceux-là sont
piégés et piègent les autres dans une acception restreinte
de la vie. Désœuvrés, ils n'ont pas besoin de sens. Tandis
que ceux dont le personnage s'est fissuré, qui ne reconnaissent plus leur entourage et leur époque, et encore moins
leur appartenance à l'espèce humaine, ceux-là ressentent la
nécessité d'un point de vue. Leur solitude leur fera rechercher des liens plus essentiels, leur souffrance les conduira
à créer des attachements, lesquels, éventuellement, malgré de nouvelles souffrances, ajouteront au monde et – on
peut le souhaiter – le laisseront meilleur qu'il n'était.

L'existence ne vient pas tout d'un bloc, elle vient par
strates, une tectonique de l'être nous traverse. Qu'est-ce
qu'une strate? Chacun est une superposition de strates, il
reste séparé de lui-même comme des autres. Les lames du
vide le fouettent silencieusement, à peine plus perceptibles
que le froissement de pétales. »

L'employé reste à l'affût de nouveaux indices, il entreprend des tournées imaginaires depuis son petit bureau, sa pentalogie mise en lumière par ses coups de sonde dans la nature humaine. Ses cartes imaginaires lui donnent de l'audace, mais ne tempèrent pas ses craintes, comme en témoigne cette note :

« Une partie de moi baigne dans la lumière, cette lumière dessine les reliefs et nous découvre solides. Notre cerveau se compartimente pour aller à la rencontre d'un monde divisé par le langage. Tout ce temps, une autre partie de moi-même s'abandonne à sa dissolution dans le maintenant illimité. Les corps sont fluides, les sensations se relancent, excitent d'autres sens, qui se propagent et mettent à jour une béatitude qui reposait en nous depuis toujours, une émotion immense dissipe les contours. »

Nous érigeons une maison d'habitudes, persistons à habiter celle-ci. Pourtant, chaque instant est le commencement décisif de la suite. Qu'importe le tempérament des habitants de la maison, chacun est respectable à hauteur de ce qu'il respecte, certains ont tout particulièrement soif de lumière. Qui sont les résidents de la rue Dilemme ? On apprend à les connaître en interrogeant leurs relations avec leurs proches et leur voisinage. De tous les voisinages de la rue Dilemme, le plus important n'a pas encore été dit : c'est le lien entre la lumière et l'amour, qui semblent s'opposer, d'un bout à l'autre de la rue, pourtant la lumière et l'amour sont liés, nous sommes dans ce lien. Avec la continuité du souffle, nous pouvons ajouter le monde au monde, toujours différent. Par-delà le Même, nous laissons des clefs de transformation. »

Le jeune employé des postes ne saurait expliquer ce qu'il entend par « ajouter le monde au monde ». Mais il a le sentiment qu'il s'agit bien de cela : le plus souvent il ne sait pas ce qu'il dit, il cherche à formuler ce qu'il sait. Il le sait si confusément qu'il ne sait même pas qu'il le sait. C'est pourquoi, ne sachant pas ce qu'il dit, il laisse les mots trouver leur chemin. Sa perplexité est grande, le monde lui semble un vaste dilemme, alors il entreprend de faire des tableaux avec un classement de ses amis selon leurs tempéraments et leurs penchants, il cherche sa place dans ce voisinage.

À constituer des tableaux pour lui-même, l'employé se rend compte que le vieux facteur tissait une fable : on croit pouvoir séparer les aspects de la nature humaine, comme si nous étions chacun un mot différent dans la phrase qui dit notre vérité. Pourtant chaque mot participe pleinement au sens de la phrase : tous les tempéraments et les penchants, tous les désirs et les formes d'accomplissement se superposent dans chaque individu et dans chaque maisonnée. Nous sommes tous en chacun.

Le vieux facteur ayant quitté, l'employé affecté à son classement ira sur la route faire sa tournée. Les temps ont changé, le personnel est réduit, il fera son classement lui-même. Ses supérieurs lui ont transmis le carnet Manille tout froissé, cerclé de nombreux élastiques de toutes les couleurs, dans lequel il inscrit à son tour :

« …lorsque je commence ma tournée, j'entrevois qu'un océan de possibilités m'entoure, mes jambes ne me soutiennent plus, je flanche. Je m'efforce de me hisser de toute ma hauteur, je me balance au bout de moi-même sans trouver d'appui dans une unité du monde. Je ne suis plus qu'un assemblage fortuit de cellules, l'horizon est brisé. L'esprit écartelé construit des châteaux de papier dont il resserre les plis sans cesse, c'est un château de feuilles d'or qu'on ne peut pas toucher du doigt. »

Un jour, sans avertir personne, il disparaîtra à son tour. Laissant à la dernière ligne de son petit carnet cette question : à qui la salamandre ?

Renée Beaulieu

Le fragile équilibre des bêtes

Soir de janvier. La pièce ressemble, en dimensions, à une garde-robe, à une salle de bain, à une salle de lavage, à un cabanon de métal, mais il y a un lit, alors c'est une chambre à coucher. Temporairement notre chambre. Étendu, Léo a les pieds qui dépassent du matelas et qui poussent sur le filet blanc du parc de Marie. La petite a six mois et neuf jours. Qu'elle est belle, que je l'aime! Quand je la regarde dormir, j'ai envie de croire que c'est moi. Tellement envie que j'y arrive. Je me vois petite, belle, parfaite, insouciante, bien. Je suis debout, adossée à la porte fermée. C'est le seul endroit où mes pieds peuvent se poser sur le sol. Il y a, en plus du lit et du parc, nos valises, un bureau brun, une poubelle jaune, une table de nuit, brune elle aussi, mais d'un autre brun et une chaise de bois. Drôle de chaise. J'enlève mon grand chandail rose avec un imprimé de *Mickey Mouse*. Je saute dans le lit, je sens bon. Je me plais dans cette minuscule pièce avec ma fille endormie et Léo, chaud, qui m'attend dans les draps dépareillés de la chambre d'invités de mon beau-frère.

Toute la journée, comme les trente derniers jours qui l'ont précédée, je me suis demandé si je devais ou non, ce soir, car c'est le bon soir, faire un enfant. Un autre. Depuis la naissance de Marie, je flotte sur un nuage. J'ai quasi perdu ma tête. Je me suis mariée deux mois après la naissance de la petite, moi qui n'avais jamais voulu en entendre parler jusque-là. Avant de tomber enceinte de Marie, je ne voulais pas de famille, pas de mariage, pas de tralala traditionnel. Je voulais ma liberté et des amants, même si j'avais un amant, le même Léo, depuis déjà des années. Léo m'aime comme un fou, c'est ce qu'il me dit, c'est ce que je sens. Il me voulait et il a fait beaucoup pour m'avoir. Depuis, il agit avec moi comme s'il était toujours redevable. Un soir, je m'étais décidée pour Marie. Je ressentais un puissant élan intérieur, une envie irrépressible d'avoir un enfant à moi. C'était fort, presque douloureux, et surtout incontournable. J'avais fini mes études, 25 ans sonnés. C'était normal, évident, dans l'ordre des choses même si, paradoxalement, j'avais entrepris ma vie d'adulte en m'efforçant toujours de ne pas être comme les autres. Mais pour la maternité, je ne pouvais pas passer outre. L'appel viscéral était trop fort, mais ce soir…

Ce soir il n'y a pas d'appel viscéral, mais je sais ce que je veux. Je veux une grosse famille, plein d'enfants. Quatre. Aussi je les veux rapprochés, un chaque année. Ce qu'il y a d'étrange, c'est mon hésitation. Je n'arrive pas à me décider. Je veux revivre l'indicible expérience de Marie et en remplir autant qu'il est possible mon quotidien. Alors pourquoi j'hésite? Peut-être parce qu'il n'y a que six mois qui me séparent des douleurs atroces des contractions, des nausées, des vomissements. Peut-être à cause de mon corps aussi. Je me sens bien toute seule dedans, surtout depuis que j'ai perdu tous mes kilos excédentaires, j'avance plus rapidement. J'aime mettre mes jeans serrés. Aussi, parce que je jouis mieux et avec plus de grâce. Je me sens plus désirable et je m'excite davantage plus facilement. Léo me désire plus. Exactement comme en ce moment. Je le vois bien, il est nu sur le lit. Je le sens, il me respire dans le cou comme un taureau. Je le ressens, ses mains me labourent le corps et m'empoignent les seins avec force.

Nous baisons fiévreusement. C'est bon. Il faut faire attention, s'ébattre en silence: Marie dort au pied du lit et mon beau-frère lit, sans doute, dans la chambre en face. Il faut que je retienne mes cris. Léo est toujours silencieux, mais l'idée que la terre entière, à l'exception de Marie, m'entende a toujours ajouté à mon plaisir. Léo s'immobilise.

— Non, non n'arrête pas…

Léo est très près de ne plus être capable de se retenir. Dans l'urgence, d'un signe de tête crispé et désagréable, il m'interroge sur ma décision finale. Je m'accroche à ses épaules, et je revis la naissance de Marie. Je revois son petit corps atterrir sur mon ventre et je ressens l'immensité de mon bonheur qui jaillit quand de mes mains je la touche, puis j'observe à la dérobée son joli corps potelé, ses menottes et ses petits yeux noirs profonds comme un ciel sans nuage…

— Oui, je le veux!

Bien sûr j'hésite encore, mais trois petits coups c'est si vite passé. Voilà, le convoi de spermatozoïdes est en route vers les cieux.

Léo roule sur le dos. Un sentiment d'agressivité m'assaille par surprise. Je ne comprends rien à ce que je ressens, mais j'ai envie de hurler, de frapper, d'invectiver Léo. Je n'en fais rien. Je ne dis rien. Je vais à la salle de bain, Léo me succède. Nous nous retrouvons à nouveau dans le lit, cette fois étendus côte à côte. Léo s'endort. Moi je sais déjà que je n'arriverai pas à dormir. Je me demande si je suis enceinte. Si j'ai bien fait. J'ai peur, alors je m'étire pour regarder Marie dormir. Dieu que je l'aime. Je m'apaise en me disant qu'une *autre Marie* vaut encore beaucoup plus. Cela étant, je suppose, nausées, douleurs, peurs, cellulite, responsabilités, seins ramollis, perte d'énergie et perte de liberté…

*

Voilà, j'ai un enfant dans le ventre. Je le voulais. Oui, je le voulais. Je ne pouvais pas le vouloir plus que de m'accrocher aux épaules de Léo et de lui dire de laisser aller ses petits X et Y, puisque Marie c'était si beau, puisque nous voulons quatre enfants rapprochés. Pour la grossesse de Marie, j'avais essayé de prendre une décision raisonnée, de peser le pour et le contre, mais il y avait toujours plein de risques. Risque d'anomalies, risque de perdre le bébé, risque de mourir, risque de faire une bêtise, risque d'être une mauvaise mère, risque d'avoir choisi le mauvais père, risque de passer à côté d'une chance, risque de regretter, risque d'un mauvais *timing*, risque d'une guerre, risque de gagner à la loto, tant de *si* m'empêchant d'être totalement consentante avec ma tête. J'avais essayé aussi de ne pas vouloir d'enfant, mais sans y parvenir. À l'idée de tenir dans mes bras et de regarder *mon* enfant, je m'embrasais. À défaut de pouvoir l'avoir avec raison, j'avais fait Marie par abandon, en me laissant aller à ce que je ressentais de plus primitif en moi. Obéissant à un élan intérieur, en me soumettant à l'appel viscéral qui me commandait un être de ma chair. Cette fois c'était différent, mi-raison, mi-passion. La raison : mon fantasme d'une belle grande famille. La passion : Marie. N'empêche que ce matin tous les *si* me sont remontés à la gorge quand j'ai constaté que le « - » devenait « + » sur la planchette de plastique blanc du test de grossesse.

Fin d'après-midi. Léo, Marie, le beau-frère et moi sommes agglutinés sur le sable, il fait si chaud. J'aime la couleur de l'eau de Cuba et puis je suis pas mal en bikini sur la plage blanche, du moins les Cubains semblent apprécier me regarder. Michelle, mon amie, me dirait qu'ils apprécient toutes les femmes, mais bon, c'est son genre de remarque. Alors chers Cubains profitez-en, car je pars pour un neuf mois en bedon et je repars pour le Québec dans quelques jours.

Mon beau-frère me félicite, il a l'air sincère, mais j'ai mes doutes. Qu'en a-t-il à foutre que je sois enceinte ? Il vit à Cuba depuis des années. C'est la première fois que je le vois en huit ans de relation avec Léo, et je ne sais pas si je le reverrai un jour. Il n'a pas d'enfant, il se tient toujours à un minimum de trois pieds de Marie, il n'a pas de femme, ne souhaite pas entretenir de relation familiale, pourquoi diable a-t-il une chambre d'invités ? Néanmoins mon enfant a été conçu chez lui. Léo veut qu'il soit le parrain. Quel idiot ce Léo des fois.

— Bien oui, c'est une bonne idée Léo, on va voir, on va attendre que le bébé naisse. Je sais pas, on ne sait jamais.

— Qu'est-ce que tu veux dire ? Qu'est-ce que tu veux qu'il arrive ?

— Je sais pas, mais…

— Tu te sens pas bien ?

— Non, non. C'est pas ça.

— Bon.

— Moi, ça me dérange pas, mais je vous avertis pas question de revenir au Québec.

Non mais quel con ! « Ça ne me dérange pas. » Le but c'est pas de te déranger pauvre mollusque rôti. Veux-tu qu'on te paie aussi ? Oh ! Encore cette agressivité ! Depuis cette fameuse nuit, elle me colle à la peau comme du jus d'orange. Je crois que j'enrage contre Léo et contre toutes les bêtes mâles de la terre, contre leur pouvoir de m'engrosser. J'enrage contre les hommes d'avoir si peu à voir avec la naissance des enfants et d'en tirer autant profit qu'ils le désirent en investissant un minimum d'efforts. J'enrage d'être femme et d'être faite pour avoir des enfants, pour en désirer, pour être envahie par cet instinct. J'enrage d'aimer à ce point Marie, j'enrage d'aimer déjà ce petit être qui me pousse dans le ventre. J'enrage contre Léo de vouloir quatre enfants comme si c'était facile. J'enrage de payer de mon corps, de ma jeunesse, de mon énergie, de ma liberté. J'enrage contre le beau-frère de ne pas vouloir d'enfant et d'être bien avec cette décision qui semble davantage être une évidence qu'une prise de conscience. J'enrage contre Léo d'aimer Marie autant que moi je l'aime…

Bon, Léo vient de renverser son coke sur moi. Qu'est-ce que je fais? Je hurle, je le traite comme si c'était un politicien, un commis de *chiotte*, je fais une scène, je divorce ou…

— Laisse Léo c'est pas grave, je vais aller dans l'eau, le coke dans l'eau, ça part tout seul.

Animal! Tu pourrais pas faire attention à ce que tu fais, contrôle-toi bordel de merde.

— On vient avec toi.

Il me suit avec Marie dans les bras maintenant. Je crois que je vais faire une crise.

— T'es fin.

— Il faut que je prenne soin de vous trois. Je t'aime.

— À quelle heure l'avion?

*

Léo revient ce soir, vers neuf ou dix heures. Un voyage aux Caraïbes entièrement payé par la compagnie. Vive les compagnies d'assurances. Billet aller-retour pour deux pour une semaine. Mais moi je ne pouvais pas y aller. L'avion est interdit aux femmes très enceintes. Interdit aux chiens aussi, mais en cage ça va. Mais dans la soute à bagages avec les serpents et les chats, je ne sais pas si j'aurais pu. Interdit aux drogues et pourtant. Mais dans mon cas la clandestinité est devenue impossible. Mon allure ne laisse aucun doute sur ma condition, il faut un minimum de quatre personnes pour me lever d'un banc de métro, alors le siège d'avion ! Quand Léo a reçu les billets, il a trouvé la situation plutôt amusante. Comme si mon choix et mon désir d'avoir un enfant enjolivait toutes les contraintes que la grossesse impose. Alors Léo a offert ma place à mon beau-frère, le pseudo-Cubain. Ce dernier est même revenu au Québec spécifiquement pour ça. Décidément ce type !

J'attends Léo. Marie dort. Je n'ai rien à faire, alors je me déshabille et je me regarde grossir dans le miroir. Dieu que je suis grosse, j'ai les mamelons comme des pample-mousses, mes seins tombent de fatigue. Mes bras sont gorgés d'eau. J'ai l'air fatigué, la peau luisante, les traits tirés. Je n'ai pas la force de me peigner, de me maquiller. Il est déjà neuf heures. Si je me maquillais pour Léo, cela voudrait dire qu'il faudrait que je me démaquille dans à peine deux heures. Ça ne vaut pas l'effet. Léo me trouve belle quand même, par ailleurs je ne sais pas comment il s'y prend…

— C'est lui !

J'aurais dû me maquiller. Dieu que je fais peur. J'enfile une tente qui me sert de pyjama. Je me glisse dans le lit. Il croira que je l'attendais en lisant. Léo est bronzé. Il est ma-gnifique, il sent bon. Il revient de vacances, c'est évident. Il me serre contre lui.

— Puis Léo, c'était bien ?

— Oui.

— Tu m'as trompée ? que je lui demande en blaguant ne sachant pas trop quoi dire, mal à l'aise devant sa beauté et honteuse de mon allure.

Léo change d'attitude, il perd son sourire et une étrange expression s'installe sur son visage. Il ne cherche pas à détourner les yeux. Je comprends qu'il me dira tout, qu'il me suffit de le lui demander. Je ne veux rien savoir, mais il est déjà trop tard.

Le lit tourne et moi avec. J'écoute ma bouche parler et j'entends Léo me raconter son aventure.

— Rien, ce n'était rien… ça m'a seulement permis de comprendre à quel point je vous aime toi et Marie et à quel point je veux être heureux avec vous.

Comment exprimer que le lien de lui à moi vient de se rompre, puisque je n'ai pas de mots, seulement une sensation. Comment lui dire que celle que j'étais, vient de mourir. Celle que j'avais vue naître dans ses yeux. Celle qu'il avait fait naître par son désir dirigé exclusivement vers moi. Je ne peux pas lui dire, je ne peux même pas me l'avouer à moi-même sans révéler à quel point sans ce désir exclusif celle que j'étais ne peut plus exister.

Malheureux, il tente de me rassurer sans chercher à comprendre ce que je ressens puisque pour lui il s'agit d'un détail qui réaffirme son bonheur de vivre avec moi et nos enfants. Sous un flot de larmes je m'éteins lentement, je redeviens un être comme tous les autres, sans unicité, sans privilège : trompée. Je m'étais crue *intrompable* ou plutôt l'ai-je été un certain temps et c'est ce temps qui vient de se terminer par cette banale anecdote de voyage, anecdote comme il y en a des milliers chaque jour.

La vie continue et surtout ne recule jamais. Je viens de devenir une femme, comme les autres.

Je pensais que Léo était une histoire d'amour, le désir en étant la conséquence. Mais je comprends que son désir exclusif était mon histoire d'amour, désormais je devrai me battre. Je contrôle mes larmes, il y a longtemps que je pleure. Léo s'endort. Je n'ai pas envie de dormir, j'en suis incapable. Pour la première fois en treize mois je n'ai pas envie non plus d'aller voir Marie. Et je n'ai plus envie non plus de mon énorme corps. Je voudrais me vider de la femme que ce soir je suis devenue, redevenir celle que j'étais hier encore…

*

— Léo n'avait pas menti. Il est encore plus heureux avec nous qu'avant. Il adore Marie et a choisi des noms pour notre enfant. Aujourd'hui j'ai vu le médecin. Il prévoit que j'accoucherai à terme dans quelques semaines. Selon lui tout va bien. Les nausées, les douleurs aux jambes, à la vulve, la difficulté à marcher, la fatigue, les vomissements et la douleur intérieure qui me ronge ne comptent pas, je vais bien, dit-il. Après mon rendez-vous, je suis allée acheter une poussette double pour Marie et le bébé.

Ce soir, je me suis couchée en même temps que Marie à sept heures trente. Léo est venu me rejoindre depuis peu. Il regarde une revue de bricolage, au printemps prochain il voudrait construire une maison dans les arbres pour les enfants. Moi j'ai les mains posées sur mon ventre depuis plus d'une heure. Il y a longtemps que je n'ai pas senti le bébé bouger, longtemps que je n'ai pas eu envie de sentir bouger ce petit être qui a envahi le mien. Depuis quand? Je ne me souviens plus.

— Léo, le bébé bouge pas.

— …

— Léo!

— C'est normal y a plus de place.

— T'es drôle.

— Le médecin a dit que tout était correct, arrête de t'inquiéter pour rien.

Pour rien. J'attends toujours. Léo éteint sa lampe de chevet et s'endort. Je suis incapable de dormir, bien sûr. J'ai peur, je ne sais pas de quoi exactement, peur des raisons pour lesquelles le bébé ne bouge pas, peur des raisons pour lesquelles je n'ai pas mis mes mains sur mon ventre depuis… Depuis quand? J'ai mal, je ne sais pas trop pourquoi non plus. De ne pas avoir eu envie de sentir bouger mon bébé, de l'avoir mêlé à une histoire qui n'était pas la sienne peut-être? Mal, j'ai mal.

La douleur vient et repart, de plus en plus aiguë de plus en plus concentrée dans mon ventre. J'hésite à réveiller Léo, je ne suis sûre de rien, à l'accouchement de Marie ça ne s'est pas passé ainsi.

— Léo…, Léo, Léo… Je pense que j'ai des contractions.

— …

Je regarde l'heure et j'essaie de voir s'il y a un rythme quelconque avec les douleurs. Il ne semble pas y en avoir, la douleur part et revient sans cohérence. Elle m'envahit puis s'éteint. Je laisse mes mains sur mon ventre pour sentir bouger l'enfant, mais il ne bouge toujours pas.

— Léo réveille-toi, j'ai des contractions.

— Mmmmm…

— Léo!

— Quoi?

— Je pense que j'ai des contractions.

— Tu penses?

— Oui, je pense.

— Mais non, le médecin a dit que ce ne serait pas avant des semaines.

— Oui, mais moi...

— Couche-toi.

Il s'est rendormi. Je le hais. Je le hais de dormir, de pouvoir dormir malgré ma douleur, mon mal, ma peur, malgré moi.

Je me lève et je vais me bercer dans la chambre mauve qui attend le nouveau venu. Je regarde le berceau vide et pense au temps qui me sépare du moment où il y aura mon enfant dedans. Ce laps de temps m'effraie. Je me sens petite pour le traverser seule.

— Viens mon enfant, viens respirer sur mon cœur, sors de là. Je vais te prendre dans mes bras, je vais te montrer qu'il y fait chaud et bon, que tu peux y sentir battre mon cœur là aussi. Je ne ressens rien encore, rien d'aussi fort qu'à Marie parce que tu n'es pas là. Viens, viens au monde. Je me sens petite, mais pour toi je suis prête, pour toi je le ferai, je te mettrai au monde. Viens, il faut que tu viennes, tu ne peux pas rester là, dans mon ventre sans bouger. Je sens qu'il faut que tu viennes...

Je quitte la chambre pour aller me faire couler un bain. Je me sens seule et désemparée. Je me dévêts et me glisse avec difficulté dans la baignoire quand Léo arrive. Sans un mot, il referme la porte derrière lui et retourne se coucher à l'abri du bruit de l'eau qui coule et de la lumière qui nuisent à son sommeil.

« Tout va bien. » Pour Léo il n'y a que ces mots du médecin qui ont un sens, une valeur. Ce que je sens et ce que je suis incapable de partager, de verbaliser ne l'intéresse pas. En ce moment, il veut dormir. Je n'existe pas, il croit le médecin, l'enfant ne naîtra pas ce soir et ma souffrance peut attendre le jour. J'ouvre la porte violemment et allume la lumière de la chambre à pleine intensité.

— J'ai mal, merde, tu pourrais te lever!

Léo est tout endormi et n'a pas envie d'une scène de ménage non plus, mais je suis dans un tel état, nue, hystérique, il ne peut rester indifférent.

— Penses-tu que...

— Je le sais pas moi, que je hurle, j'ai pas fait ça toute ma vie mettre un enfant au monde. Je le sais pas, pis si c'est pas ça tant pis t'en mourras pas de te lever pour rien! Bordel de merde! Lève-toi! Fais quelque chose, merde j'ai mal pis toi tu veux dormir. Je te déteste...

— Wow! Calme-toi.

— Lâche-moi les calme-toi…

— Tu vas réveiller Marie.

— Ben oui faut que je fasse tout en silence sans déranger personne, je suis en train de me faire labourer l'intérieur du corps mais faut que je me ferme la gueule.

— Veux-tu aller à l'hôpital?…

*

— Tout est calme dans la chambre vert pâle de l'hôpital. La nuit est noire. Assise sur mon lit, les mains sur mon ventre je regarde par la fenêtre. J'attends que le bébé bouge. Je n'attends pas les contractions, elles arrivent à l'improviste passent plus ou moins rapidement et plus ou moins violemment. Chaque fois je me lève, pose mes mains sur le mur et Léo frotte mon dos. Tout est calme, je traverse le laps de temps avec patience et courage.

— Ça y est, tout est prêt, le bébé va bientôt sortir, cette fois selon les dires de l'infirmière.

La nuit, comme mon courage et ma force, tire à sa fin.

— À la vue du moniteur du bébé, l'infirmière s'agite subitement, elle sort de la chambre à la course. Elle revient, le médecin la suit de près. Ce dernier m'examine, regarde les chiffres sur la machine, s'affole à son tour.

— Que se passe-t-il?

— Rien de grave, le bébé est en souffrance, probablement le cordon autour du pied.

— Rien de grave le bébé est en souffrance! Mais je ne veux pas qu'il souffre, moi.

— Calmez-vous.

— Me calmer, mon bébé souffre et moi je dois me calmer, le laisser souffrir seul… seul, comme moi.

Une douleur monte, monte en moi. Je suis étendue, je ne peux pas me lever. La douleur continue de monter, elle me submerge. Je n'entends plus rien, je ne vois plus rien, il n'y a plus d'air, plus de vie là où je suis.

— Pousser, pousser… il faut… il faut… nous allons le perdre…

J'étouffe. La douleur redescend lentement. Je me rappelle, je suis à l'hôpital. L'enfant souffre, mon enfant souffre. Je ne veux pas le perdre. Non, non la douleur remonte,

remonte. Il n'y a plus d'air, que de la douleur partout, partout en mon corps. Je veux qu'il vive, je veux…

Je suis nulle part dans aucun univers, il n'y a pas de temps, pas de lieu, pas de moment, qu'une brûlure, une tête qui passe. Des mains du médecin, mon fils atterrit sur mon ventre. Je connais cet instant, c'est celui de Marie. Il est magique. La brûlure a passé, j'ouvre les yeux et mes mains s'élancent vers ce petit corps qui vient de passer de mon dedans à notre dehors. Mes mains s'arrêtent brusquement, elles ne se rendent pas à toucher ce petit corps gluant. Ce corps est celui d'un minuscule cadavre, celui de mon fils. Ce sont les mains du médecin qui le prennent et l'emportent.

Je hurle comme un animal. Je suis une bête.

*

Léo pleure dans mes bras, il a besoin de moi pour partager sa souffrance. Le médecin entre dans ma chambre.

— Votre fils est sauvé.

— Mon fils est mort, je l'ai vu, il est mort.

— Presque, il était presque mort j'en conviens. Il a perdu beaucoup de sang, voilà pourquoi il était gris. Il s'est vidé de son sang.

— Vidé?

— Oui, il s'est vidé de son sang…

— Vidé de son sang? Mais où? Son sang est allé où?

— Selon votre prise sanguine son sang se mélange actuellement au vôtre.

— Il s'est vidé de son sang en moi. C'est moi qui ai pris son sang, c'est moi qui l'ai vidé de son sang…

— Hémorragie *fœto-maternelle*, c'est plutôt rare…

— Vos mots, je ne les comprends pas, vos mots ne me comprennent pas. Je ne parle plus aucune langue.

*

Mon fils a vingt jours. Selon l'infirmière qui était de garde cette nuit, mon fils a bougé pour la toute première fois à trois heures quarante-deux. Présentement je le berce, il ne bouge toujours pas. J'attends ce moment de le sentir bouger sous mes mains et j'espère sans trop y croire que ma douleur va s'évanouir avec son mouvement.

Julie Fauteux

Projette mon cœur

Ils dorment. L'un, les bras croisés derrière la tête, dans la position où on allait le trouver le lendemain. L'autre, en travers du lit. Les pieds sur le mur, dans un monde renversé. Guettant, les bras un temps autour des genoux, l'arrivée d'un train. Jusqu'à ce que les mains tombent sur le drap, donnant d'un bruit mat le signal du départ.

Juste avant de trouver le sommeil, ils avaient murmuré chacun pour soi. Ils ne luttaient plus pour tenir les yeux ouverts. Leurs mots s'écrasaient incomplets sur l'oreiller.

Aussitôt couchés, ils avaient parlé longtemps sans se voir, séparés par la grande armoire entre leurs lits. Mais ensemble à fixer le trait de lumière sous la porte, laquelle répercutait leurs appels fous et leurs rires.

Dans l'espace abandonné par eux,
ai décidé d'écrire en secret.

Sur ce vide intouché. Ne me déplace pas encore. Hésite, comme après avoir frappé trop doucement à une porte. N'ose frapper une seconde fois.

Allume enfin. La lampe sur la table démasque le calme. Fait d'air et de silence imparfait, circulant entre les objets et mesurant de l'un à l'autre l'écart, qui, jusqu'au matin, demeurerait invariable.

Là, dans le rond de clarté qui appuie son oreille sur l'obscurité affaiblie, cherche la naïveté de la langue. M'éloigne de la table avec elle. Le soir fait trembler les pensées sur la feuille. Sur la fenêtre sans rideau, rejoins mon reflet pour le remplir tout à fait.

À travers l'envahissement de branches, vois le ruban de la rue qui s'étire droit devant en une chose rare. En son milieu, projette mon cœur. Sur sa fin, exigée par le contour de mon image sur la vitre, pose mon front. Quand l'immobilité de la rue se déchire pour moi, mon cœur s'effraie et me revient.

Sur les pavés, une maison détachée des autres approche. Elle me choisit. Elle s'ouvre. Le volume de la pièce respire dans mon dos et me pousse. Changer de lieu. D'ici à là, marcherais sur une fourrure assoupie. Obéirais à sa douceur. Ne saurais pas ce que je perds. Saurais ce que j'abandonne. Laisserais le trait de lumière sous la porte.

Dehors. La vraie nuit ne décide de rien. Mon regard avance en un faisceau qui s'entrouvre, telle une bouche sur le point de parler. Détaille le presque rien que la noirceur ne sait effacer. En un va-et-vient d'elle à moi, espère un changement. Ma tête s'incline en un oui interrompu. De ce côté de la fenêtre. Reste là. Arrêtée par son froid transparent.

Une pierre soulevée, la maison disparaît. Oubliant un fouillis de rails. Qui se pressent, se salissent. S'enchevêtrent. Grincent dans les courbes. Croissent et se nouent. Étranglent un dilemme en suspens comme un insecte de passage qui ralentit au moment de nous survoler. Retiens mon souffle. Perçois encore la ligne de son bourdonnement.

Un pleur me ramène près de la lampe sur la table. Le plus petit appelle. Assis sur son lit, d'un doigt il me montre son nez qui saigne. «Nez» dit-il, puis regarde sa main tachée. «C'est du sang», lui dis-je. Je le lave et l'embrasse. «Le mien, dit-il, sang.» Il se rendort très vite avec cette chose à lui. Il est déjà loin quand il croise les bras derrière la tête.

Retour à la fenêtre. M'appuie sur son œil qui ne cille jamais. Reprends de tout mon visage le vide intouché au-dessus des rails. Une nuit sans train.

VIVIANE CAMPOMAR

Le dilemme du pont

Non, ce n'est pas possible. Lancé à cette allure le tramway va tous les écraser, c'est sûr. Tous les cinq. Mais qu'est-ce qu'ils font, aussi, ces cinq inconscients, à discuter en cercle en plein milieu des rails? Comme si la trajectoire du tramway leur appartenait, vous vous croyez donc immortels? Secouez-vous! Bougez! Déplacez-vous!

Et le gros, là, le costaud. À rêvasser sur le petit pont piéton qui surplombe la voie du tramway, appuyé mollement sur la balustrade toute branlante.

Il n'y a pas de doute: si je le pousse, le tramway l'écrasera et s'arrêtera sur sa masse adipeuse. Les cinq bavards seront sauvés. Cinq vies contre une.

Si vous croyez que c'est facile de réfléchir, avec ces électrodes qui relient mon cerveau à une machine, tout en sachant qu'une radiologue épie la moindre inflexion de mes pensées...

Et pourtant il faut me décider très vite car c'est une question de secondes. Pas le temps de tergiverser.

Cinq vies sauvées.

Mais lui, lui, pourquoi devrait-il être sacrifié? Sa bonne bouille sympathique. Et pourquoi ce serait à moi de le pousser?

Ils sont fous. Tous fous. Il faudrait que je commette un crime pour sauver cinq vies. Pour une simple histoire de chiffres: cinq contre un. Toutefois si je ne le pousse pas, les cinq autres mourront. Je suis seule sur le pont avec les fils de ces marionnettes entre mes mains...

Enfin... et ces autres fils qui partent de mon crâne...

Arriver à le faire dégringoler sur les rails, ce n'est pas ça le problème. Moi aussi j'ai quelques bons kilos de trop, j'arriverai bien à le pousser mentalement et la balustrade ne demande qu'à céder.

Mais je ne peux pas faire ça, je ne peux pas faire ça, on marche sur la tête! Mon cerveau disjoncte. Je ne suis pas capable de faire un choix pareil. Le costaud, le crime, les cinq vies sauvées, et si c'était moi qui me jetais sous le tramway?

Le sacrifice chrétien par excellence. Non je ne m'en sors pas, je n'arrive à rien avec ce dilemme à la noix et je suis censée répondre au plus vite... Pousser l'homme ou sacrifier cinq vies. Je crois que je perds la raison...

Mais que lui arrive-t-il? Les images s'emballent, les couleurs ne cessent d'évoluer, ce qui reflète une activité neuronale intense. Du jamais vu. Il est vrai que les sujets réagissent d'ordinaire vivement, qu'ils ont parfois besoin d'un certain temps avant d'opter pour une solution, pousser ou ne pas pousser l'homme du pont sous le tramway, mais une agitation pareille, je n'ai jamais eu loisir de l'observer.

C'est magnifique de voir ça. Connexion directe sur son cerveau.

Enfin presque. Si seulement l'appareil permettait de lire vraiment dans ses pensées... J'en rêve. À l'évidence, cette femme ne parvient pas à inhiber sa réaction émotionnelle. Incroyable.

Mais si elle souffrait de claustrophobie, coincée dans l'espace confiné de notre IRM, notre belle machine d'Imagerie par Résonance Magnétique? Non pourtant, les zones de son cerveau qui s'activent sont bien celles attendues. Cortex, gyrus, toutes les zones antérieures du lobe frontal, elle n'arrive pas à organiser ses arguments, c'est sûr, son cerveau consomme le glucose qu'on lui a fourni à toute allure, d'où les superbes zones colorées qui se déplacent sur mon écran.

Elle est déchirée par le dilemme comme si elle vivait *réellement* la situation, ça ne va pas, on ne peut pas accepter qu'elle s'angoisse autant.

Et avec tout ce temps écoulé, elle n'a toujours pas donné de réponse. Elle est à cran. Quelque chose cloche dans l'expérience, je ne peux pas laisser cette femme dans cet état. Pourtant le dilemme du pont est un classique du dilemme moral personnel, mais il faut voir comme ses neurones à elle sont perturbés, compassion, empathie, culpabilité, tout est en branle, jusqu'à ses neurones miroir qui sont déchaînés, incontrôlables.

Et si elle me faisait un infarctus, là, à force de stress et d'émotion?

Non, il faut tout arrêter, la sortir de là, on trouvera bien d'autres candidats sains pour nos expérimentations neurologiques... La libérer du dilemme, pour sa sécurité.

Ne pas la laisser se torturer ainsi, serment d'Hippocrate oblige, je suis avant tout médecin...

Mais tout de même, les plus belles images d'opérations mentales jamais recueillies, de l'inédit en sciences cognitives! Interrompre un enregistrement aussi passionnant?

Monique Le Maner

Le poids des livres

C'est dimanche. Bernard B. est assis dans son fauteuil dans un coin de son salon. Le dimanche, Bernard B. ne sort habituellement pas de son salon, sauf pour aller manger deux tranches de jambon à midi et deux œufs durs le soir, debout dans la cuisine. Puis il se rassied. Dans son salon. Là où se dresse sa bibliothèque et où l'attendent les reliures de ses livres alignés impeccablement, vaillants petits soldats.

Bernard B. n'est ni un désœuvré ni un détraqué même si ses petits yeux ont un air pas trop catholique et si sa face blême semble celle d'un vieillard fatigué sous ce qu'il reste de cheveux huileux couleur rouge carotte. Les autres jours, il ne travaille pas plus que le dimanche, enfin pas vraiment. Il préfère dire qu'il vaque à ses occupations. Et il en a beaucoup. Par exemple, trier, reclasser, réaligner, rajouter, reconsidérer et remettre en rang en choisissant le meilleur ordre qui change naturellement à chaque ajout, à chaque entrée de nouvelle extension de la bibliothèque de bois noir. Bernard B. ne passe cependant pas sa vie à caresser ses bouquins de ses longues mains blanches aux doigts interminables de pianiste. Il lit aussi. Avec une avidité, une promptitude dont on ne le penserait pas capable, vu le grand corps grêle qu'il traîne chez lui et ailleurs avec une nonchalance qui frise la mollesse. En fait, s'il lit si vite, si goulûment, c'est parce qu'il a une impatience presque jouissive tant elle est impérieuse de remettre le livre sur l'étagère pour qu'il aide à remplir le vide. Car si, par malheur, trop de livres brillent par leur absence, on aperçoit, juste derrière, un renfoncement dans le mur, creusé par quelque ancien locataire sans doute pour y loger quelque ridicule petit bureau. Bernard B., dès son emménagement dans le trois-pièces, s'est empressé, pour cacher ce vide, d'ériger sa bibliothèque et de la garnir ou plutôt de la gaver.

Bernard B. se dit qu'il est fatigué, décidément trop fatigué pour sortir ce soir. Car ne croyez pas que Bernard B. ne sorte jamais. Il sort, même régulièrement, il a des occupations, même des connaissances. Et il se laisse aborder dans les cafés.

Ce dimanche soir, Bernard B. écrit dans son journal, à la lumière blanche de la lampe :

Elle s'appelle Suzanne, Suzanne S. Elle m'a souri, elle lisait, assise à la table d'à côté, elle buvait un cappuccino lentement. Elle est blonde, elle a de bonnes joues, des yeux clairs, une voix chaude. Elle lisait un livre de poèmes. Elle m'a parlé. Je lui ai répondu, nous sommes sortis dans la rue et nous avons marché. La nuit sentait bon. Ça, c'était lundi dernier. Nous nous sommes revus mercredi et jeudi, au café, et puis le vendredi, elle m'a invité chez elle. J'ai vu qu'elle avait une assez bonne bibliothèque, beaucoup de disques aussi. C'est grand chez elle, il y a bien plus de pièces que chez moi. Je suis resté à dormir. Suzanne est douce, moelleuse et confortable. Elle sait me parler, me calmer à l'intérieur comme personne n'a réussi à le faire. Je le lui ai dit, elle a ri, elle a dit qu'elle m'aimait bien, ses yeux riaient aussi. J'ai été ému. Je le suis encore. Je n'ai lu que deux livres aujourd'hui, lentement, aussi lentement qu'elle boit son cappuccino.

Deux dimanches ont passé. C'est dimanche encore. Bernard B. nettoie pour la dixième fois la petite table de la cuisine, n'arrête pas de ramasser les miettes. Il n'avait pas osé l'inviter pour un repas, il ne prépare jamais de repas, il l'a invitée pour un goûter, deux croissants, deux ou trois baisers, quelques caresses. Elle est repartie et son parfum règne en maître dans le logement, s'accroche aux chaises, se suspend aux étagères sombres de la bibliothèque.

Bernard B. est assis dans son fauteuil dans un coin de son salon. Il a l'air de réfléchir. D'un bond, il se lève, saisit un livre, le replace aussitôt, trouve la reliure trop rêche sous ses doigts.

Il prend son journal, écrit avec un désarroi qui lui fait peur :

Je suis perdu comme un enfant. Elle n'est pas comme les autres, elle m'éveille, je suis terrorisé. J'ai lu à peine un livre aujourd'hui, avec une tendresse inexplicable, aussi tendrement qu'elle boit son cappuccino.

Nous sommes lundi, on ne peut pas toujours être dimanche. Bernard B. vient de rentrer chez lui. Il n'était pas revenu chez lui depuis deux jours, en fait depuis samedi dernier. Il a découché. Deux nuits de suite. La bibliothèque et les livres ont dormi dans le noir total sans son souffle, ses attouchements, ses pas traînants dans les pantoufles, sans son amour. Bernard B. se laisse tomber dans son fauteuil, a un regard désolé pour ses livres. Il se lève, veut les réaligner même s'ils sont déjà impeccablement en rang, passe en revue, les larmes aux yeux, ses vaillants petits soldats.

Je suis resté chez elle samedi soir, elle m'a fait manger du coq au vin et des biscuits au miel. Puis, le matin, elle m'a sorti au café et j'ai pris, comme elle, un cappuccino que j'ai bu comme elle, lentement. Elle n'a pas arrêté de me parler doucement, elle m'a dit qu'elle aimerait vivre avec moi. Je n'ai pas lu depuis samedi. Elle m'a affirmé qu'il ne fallait pas m'en faire, qu'un jour, j'arriverais à lire chez elle, qu'on lirait tous les deux, en écoutant de la musique. Elle m'a proposé de me laisser une pièce, juste pour mes livres. Elle a dit: « Tu les aimes plus que moi, tes bouquins! Ma parole, je vais être jalouse! » Et elle a ri. J'ai ri avec elle.

Un bon mois plus tard. Bernard B. n'est pas assis dans son fauteuil dans un coin de son salon. Il fait les cent pas, et son long corps dessine une ombre longiligne tremblotante sur la bibliothèque. Par saccades, il s'approche des étagères, celle de droite tout d'abord, les atlas et les livres de voyages qui parlent d'ailleurs, la section que Suzanne S. préfère parce qu'elle dit qu'ils visiteront bientôt, tous les deux, ces pays merveilleux. Puis la section des livres des philosophes, des savants qu'il ne lit plus depuis qu'il n'enseigne plus. Puis les romans, achetés à foison, sous l'impulsion, histoire de garnir, de combler le vide, qu'on lit vite, pour les reposer au plus vite, tranches collées.

On est mercredi. C'est terrible, Suzanne m'a annoncé hier qu'elle voulait que je déménage, que j'aille vivre chez elle. Chez elle! Une pièce d'à peine 15 mètres carrés pour ma bibliothèque qui en fait bien plus. Elle m'a dit d'en donner, de mes livres, que beaucoup ne me servent plus. Je lui ai répondu, enfin je ne sais pas si je lui ai répondu que c'était toute ma vie qui était là, que si on vidait cette bibliothèque, je ne répondrais plus de rien. Alors elle a répliqué comme ça, mine de rien, que c'était à prendre ou à laisser. Qu'elle m'apprendrait à aimer la musique, que les CD, ça prend moins de place. Que faire?

Ce mercredi soir-là, Bernard B. ne s'est pas assis, n'a pas mangé ses deux œufs durs et n'a lu aucun livre.

J'espère que ça ne va pas finir comme avec les autres. Non, Suzanne n'est pas une femme comme les autres. J'aime sa peau, sa chaleur, le sourire de ses yeux. Je pourrais peut-être lui proposer de déménager, elle.

Jeudi. Bernard B. a beau essayer, réessayer, les livres ne répondent plus, il en prend un, pour le replacer aussitôt comme s'il lui brûlait les doigts. Il a seulement écrit trois phrases :

Elle ne veut pas. Elle a pleuré. L'étau se resserre.

Deux semaines ont passé. Bernard B. ne sort pratiquement plus. Il a l'air d'un animal traqué. Suzanne S. a téléphoné. Elle lui a susurré entre deux reniflements : «Ce serait dommage que ça finisse comme ça, entre nous deux. Viens donc vivre chez moi, on sera heureux.»

Minuit. Bernard B. a enfilé son manteau, il a la main sur la poignée de la porte. Le salon noir et froid veut le happer. Il se hâte de sortir. Au dehors, l'air est étonnamment chaud, comme la première nuit.

C'est dimanche. Suzanne est arrivée chez Bernard à midi comme convenu, pour l'aider, comme elle dit, à faire ses boîtes, le déménagement est prévu dans trois jours. Il lui a préparé à manger, un vrai repas. Elle rit, amusée, reconquise. Il sourit lui aussi. Dans le fond, il est soulagé.

Il a choisi. Il se dit qu'il n'a jamais vécu une telle chose, des promesses de matins de lumières.

«Allez, maintenant on vide tout ça!»

Elle s'élance vers le salon. Et lui, derrière elle, qui crie: «Non! Non!»

Elle rit, rit… Elle a déjà jeté au moins cinq livres par terre. «Qu'est-ce que c'est que ce truc, derrière?»

Il reste interdit un moment. Et puis il se met à rire, à rire, articulant entre deux hoquets: «C'est comme ça à chaque fois! Je crois que j'ai le choix à chaque fois, mais c'est pas vrai!»

Elle crie: «À chaque quoi?»

Il répète, bonasse: «À chaque fois! J'oublie à chaque fois… le renfoncement!»

Elle balbutie: «Le renfon… quoi?»

Et lui, maintenant carrément impatienté: «Eh oui, je n'ai rien eu à choisir! Le renfoncement, il t'attendait!»

«Le quoi?»

Elle ne rit plus du tout. Elle a les yeux pleins d'épouvante. L'homme aux cheveux rouge carotte s'approche à pas de loup. Un rayon de soleil vient mourir sur la bibliothèque.

Cette fois, Bernard B. a pris la précaution d'user des deux dictionnaires d'un coup, les Robert & Collins anglais-français et français-anglais pour faire la chose. Suzanne S. avait de la résistance, elle a été plus difficile à assommer, puis à achever que les autres. Bientôt, il n'y aura plus de place dans le renfoncement, il faudra agrandir le trou, donc acheter d'autres étagères de bibliothèque, de nouveaux livres, et donc lire de plus en plus et de plus en plus vite pour cacher le vide. Et Bernard B. de conclure que tout cela est décidément trop épuisant et qu'il devrait cesser de se faire aborder dans les cafés. Au moins jusqu'à dimanche prochain.

Adriana Langer

Une petite infirmité

— C'est la première fois que je vous vois, Madame, n'est-ce pas?

Je peux interpréter sa question de différentes manières. Sa mémoire est défaillante. Il teste la mienne. Il ne sait comment entamer notre entretien. Il répète cette question plusieurs fois par jour et ne veut pas froisser ses habitudes. Mais ce n'est pas à moi d'analyser cette fois-ci.

— Je pense bien, Docteur. Enfin, je veux dire: oui, c'est la première fois que je viens.

Il prend un carton à rabats, un stylo plume laqué noir et argent – il travaille à l'ancienne, donc –, note quelque chose, puis, posant son stylo, me regarde.

À moi de parler, si je comprends bien, et il n'a pas l'intention de me le dire. Que de codes! Et si, comme lui, je restais silencieuse et le regardais, qui craquerait le premier? Mais bon, je ne suis pas là pour jouer. J'ai mis du temps à décider de venir, ce que j'ai à dire n'est pas si facile, j'ai peur de me ridiculiser. Soudain, l'avalanche des arguments *contre* cette visite m'assaille. Mais on ne me la fait pas, c'est au moins la dixième fois, je ne vais pas me laisser impressionner.

— Docteur, je viens vous voir pour un petit problème.

J'hésite, ne sachant comment le formuler. Je me rends compte que j'ai longuement soupesé le pour et le contre de cette visite, mais pas une fois je n'ai essayé de mettre en paroles, au moins pour moi-même, ce que j'aurais à exposer! Petite panique intérieure. Oh là, il m'observe, on dirait que je commence à l'intéresser maintenant qu'il flaire une faiblesse. Ses yeux se sentent soudain à l'aise, comme ceux d'un chat dans l'obscurité – c'est là son milieu, là qu'il excelle. Là où les autres commencent à tâtonner, égarés, sa vision à lui se fait plus aiguë, ses paupières se resserrent et les pupilles, dilatées, scintillent dans le noir, cependant qu'il contemple, attentif, aux aguets, sûr de lui, sa proie.

— Je vous écoute, énonce-t-il lentement, avec une certaine gravité, et ses doigts se dirigent machinalement, mais avec grâce et distinction, vers le beau stylo.

— Et bien… voilà.

Je replonge dans le silence. Ça a l'air si ridicule. Il ne s'impatiente pas encore, mais je sais, ça ne saurait tarder. Ces choses-là je les sais avant qu'elles ne surviennent. Je suis un peu chat, moi aussi, à ma manière, mais seulement au début, presque immédiatement je subis une transformation qui ferait honte à cette espèce, et pourtant je n'y peux rien, et ça arrive plusieurs fois par jour. C'est pour ça que je suis venue. Allez, ce n'est pas le moment de tergiverser.

— Et bien voilà. J'observe constamment ce qui se passe autour de moi, je suis attentive à tout (trop sûrement, mais je n'y peux rien). Je sens et devine beaucoup de choses sur les gens que je vois. Mais au lieu de profiter de cette capacité, de ce don (parce que c'en est un, j'en suis sûre), au lieu de l'utiliser à mon avantage, ça devient immédiatement de l'empathie. Je me mets à la place des gens, dont les pensées, les sentiments, les difficultés me sont en quelque sorte familiers, que je comprends d'instinct, et je veux leur éviter tout désagrément. Par désagrément je veux dire malheur, bien sûr, mais ça peut être tout aussi bien un rhume, un courant d'air, la contrariété d'un bus qu'on risque de rater, ou quelque chose d'encore plus infime. Ça me pousse à rendre des services souvent non demandés, voire inutiles, et au pire néfastes. Le tout avec le désir, si possible d'aider, mais au moins de soulager un malaise ou une gêne, même les plus minimes. C'est tout à fait ridicule. Je suis désolée de vous importuner pour ça.

Ouf, voilà qui est fait. J'ai craché le morceau, comme on dit, à lui de se débrouiller maintenant. Je ne sais si cet entretien servira à quelque chose, mais je me sens déjà plus légère, ce n'est pas si désagréable…

Quand j'avais commencé à parler, ses doigts avaient résolument pris possession du stylo, mais ils ont vite interrompu leur course, restant en l'air, visiblement déçus. Ils n'allaient tout de même pas noter des choses pareilles. Ça aurait l'air de quoi, au début d'une fiche d'un psychiatre de renom « Madame… vient consulter pour gentillesse excessive ». *Votre réputation est tombée bien bas, cher ami*, se moqueraient ses confrères. Ça y est, il commence à être de mauvaise humeur, je ne voulais certainement pas ça.

— Madame (comme s'il parlait à un enfant, juste avant de lever le ton – les adultes ont de ces automatismes !), vous comprenez bien que ce n'est pas là un motif de consultation.

Un silence gêné s'instaure entre nous. Si j'avais eu à organiser les études de médecine, j'aurais créé une matière obligatoire qui se serait intitulée *De l'art d'être patient avec les patients*. Et ce n'est pas une boutade, les patients le sont presque toujours – par définition et par nécessité –, les médecins rarement. Pourtant il s'agit d'un apprentissage, comme pour tout. Mais il ne m'a pas été donné d'être doyenne d'une faculté de médecine. Pas dans cette vie-ci en tout cas.

— Je craignais que vous ne me disiez ça, mais je vous assure que j'ai beaucoup réfléchi avant de venir vous voir, et que c'est, *vraiment*, un problème.

S'adossant à son fauteuil, il me regarde, mi-amusé, mi-curieux. Il réfléchit, et visiblement se ravise. Voilà tout de même un sujet qui sort de l'ordinaire pour quelqu'un qui est habitué à écouter toute la journée des discours délirants ou pervers, toutes sortes de phobies, d'angoisses, un sujet qui, en plus, est plutôt délassant. Après tout, personne n'ira jamais l'attaquer en justice. On n'a jamais entendu parler d'une personne qui se serait suicidée par excès de gentillesse.

— Donnez-moi quelques exemples concrets, que je puisse mieux comprendre. Et, enfin, le stylo daigne se laisser manipuler.

— Et bien, par exemple, dans la rue. Je vais prendre le métro en rentrant du travail, en fin d'après-midi, je suis fatiguée, il fait noir, je me demande ce que je pourrai bien préparer pour dîner. Bref, une situation très banale, et qui ne prédispose nullement à l'altruisme, vous êtes d'accord avec moi. (Je me contente d'un acquiescement de tête de sa part, et reprends mon récit.) Je vois un couple de

Japonais qui a l'air perdu, ils regardent les noms des rues. Ils ne demandent rien à personne – avec moi c'est toujours comme ça, j'interviens *avant* qu'on ne me demande quoi que ce soit, j'anticipe des besoins, sans pouvoir m'en empêcher –, je m'arrête, je sors mon plan, regarde quel est le meilleur chemin pour leur destination (pas forcément le plus court, mais le plus simple, celui qu'ils pourront suivre sans se perdre), je les accompagne parfois un peu pour être sûre qu'ils ne se trompent pas de direction. Et ce n'est pas toujours par rapport à des touristes, si je vois quelqu'un qui cherche son chemin – même sur le trottoir opposé ! –, j'ai tendance à faire de même. Parfois je dois me faire violence pour éviter d'aborder ainsi quelqu'un qui pourrait mal interpréter mon attitude. C'est d'ailleurs pour cette unique raison que je sors toujours avec un plan de Paris, même si ça encombre mon sac, qui est pourtant déjà lourd.

Un autre exemple, je suis dans le métro, et la personne en face de moi a l'air abattu. J'imagine, en l'observant, les chagrins, les tracas, les soucis qu'elle peut avoir. Je vais remarquer que les manches de son pull sont usées, si c'est un homme qu'il s'est coupé en se rasant, qu'il a mal attaché sa cravate, si c'est une femme qu'elle était trop fatiguée ou démoralisée pour fignoler son maquillage ce matin. Ce voisin on ne peut plus passager (c'est le cas de le dire), mais voisin quand même, est peut-être seul, n'a pas envie de rentrer à la maison. Je brode en partie, mais je vous assure que je vois et surtout que je sens des choses – qui ne me concernent pas, je vous l'accorde. Mais que faire ? Je m'imbibe tant de cette personne, de sa tristesse (imaginaire peut-être, j'en conviens), que j'aimerais la consoler, l'égayer. Si on est dans le métro aérien je voudrais qu'elle lève la tête, au lieu de la tenir constamment penchée, qu'elle regarde le ciel, les lumières, les arbres, les gens aux fenêtres, j'aimerais discuter avec elle, la faire rire si possible. En général je me retiens, bien sûr – surtout s'il s'agit d'un homme qui croirait inévitablement à des avances – et je me limite à un sourire en me levant. C'est frustrant, je vous assure. Mais ce n'est pas la frustration qui me pose problème, ce n'est pas bien grave, évidemment ! J'ai l'impression de ne pas avoir fait ce que j'aurais pu faire, et qui aurait pu avoir, non un réel impact sur les difficultés de vie de telle ou telle personne, mais juste un petit soulagement, un petit bien-être très passager, je ne me fais pas d'illusions non plus.

Si je suis dans un magasin, j'essaie toujours d'avoir de la monnaie pour payer, ça arrange le vendeur, et les gens dans la queue derrière n'ont pas le temps de s'impatienter. A fortiori dans une boulangerie, où les vendeuses sont terriblement débordées. Si je n'en ai pas, je suis vraiment gênée et me confonds en excuses. Vous voyez, ce sont des faits minuscules. Si la vieille dame devant moi ou le petit garçon derrière manque de quelques centimes, je complète spontanément, et avec soulagement, et ce n'est pas pour le remerciement, ou si peu. Ne croyez pas que je m'en aille contente et comblée. En général j'essaie de ne regarder personne et m'en vais vite. Je ne suis pas particulièrement fière de moi. La preuve, je viens vous voir, c'est clairement un défaut de ma constitution.

Cette dernière expression le fait sourire, mais il ne parle pas, il m'encourage du regard à continuer.

— Vous savez, j'ai tout essayé, je crois. J'ai analysé mille fois ces sentiments, cherché, débusqué et acculé tout ce qui peut s'y trouver de négatif, comme l'orgueil. Mais je vous assure, cet élan ne se réduit pas à ça, je le sais, sinon j'attendrais – exigerais –, aurais besoin d'un remerciement en retour de mes services.

Pourtant, si j'ouvre la fenêtre à une mouche qui depuis plusieurs minutes se cogne contre la vitre avec un entêtement pitoyable, et que celle-ci peut enfin s'échapper, je ressens un réel soulagement, un bien-être immédiat. Ça nous arrive souvent, à nous aussi, de mille manières, d'être prisonniers sans comprendre comment on l'est – et donc, comment se défaire d'un obstacle qu'on constate sans pouvoir le reconnaître. Vous voyez, dans ce cas il n'y a pas de remerciement, la mouche ne se retourne pas pour voir d'où est venue cette aide inopinée. Je ressens, *moi-même*, son envol.

C'est plus fort que moi, de vouloir aller à l'avant du moindre souci qui pourrait survenir, de me rappeler à quel point même une infime contrariété est désagréable et de vouloir l'éviter aux autres. J'évite de marcher trop lentement sur le trottoir, et si je n'ai pas le choix, je laisse toujours de la place à ma gauche pour que les gens derrière moi puissent passer. En voiture, mille exemples, laisser passer une voiture qui n'a pas la priorité mais qui bloque et agace une file de voitures derrière, laisser passer un piéton au milieu de la rue, surtout si le passage piéton est un peu éloigné, ou s'il pleut, tout en gardant en mémoire qu'il y a d'autres piétons et d'autres voitures tout autour, et qu'il faut un certain équilibre. Équilibre introuvable, d'ailleurs, la plupart du temps. Faites plaisir à un piéton, vous faites déplaisir aux voitures qui sont derrière, et peut-être même, pour un petit bien-être, un petit plaisir passager (pour le piéton, pour moi), je le mets, en fait, à plus long terme, en danger, vu que mon attitude l'encourage à traverser là où il ne doit pas le faire.

Autre cas de figure, je suis dans un petit magasin, deux femmes discutent entre elles, on entend presque tout, forcément. Elles cherchent le nom d'une capitale, je le connais. Je voudrais le leur dire, puis je pense « peut-être je gâterais leur plaisir de chercher, de voir qui le trouvera en premier ou qui se trompera, elles ont envie de rire, tout simplement ». Et je ne dis rien. Mais si elles en avaient vraiment besoin, de ce nom ?

— Que faites-vous dans ce cas, alors ?

— Ça dépend, j'hésite. Si j'ai l'impression que ce nom, elles en ont vraiment besoin, je prends le risque de me faire rejeter, je leur dis le nom et je quitte vite le magasin. Si, finalement, je crains de les gêner en m'immisçant dans leur discussion, je m'en vais, non sans doutes et regrets. Dans un sens comme dans l'autre, je n'en sors pas gagnante. Et je n'en tire aucune fierté, contrairement à ce qui est écrit dans des traités de psychologie que j'ai pu feuilleter. Même quand j'ai apporté une aide ponctuelle mais réelle – courir après quelqu'un pour lui rendre l'écharpe qu'il a laissée tomber, ou aider une vieille dame à s'y retrouver dans les rayons d'un grand magasin, ou accompagner quelqu'un jusqu'à la bouche du métro la plus proche, etc. – je sais que ce n'est rien, mais rien du tout. Une goutte d'eau : au mieux une goutte d'eau dans l'océan, qui participe donc quand même à un « tout », parfois une goutte d'eau complètement perdue, et je sais qu'il peut même s'agir d'une goutte d'eau dans un torrent de pluie, plus nocive que bénéfique. Mon attitude est non seulement dérisoire, elle n'est même pas forcément positive, malgré moi. C'est pour ça que j'ai fini par me décider à venir vous voir.

J'ai essayé par moi-même de l'analyser. Ma propension à ce qu'il faut bien appeler de la bienveillance est due au départ à une compréhension des difficultés quotidiennes d'un chacun, bien sûr, mais ça n'expliquerait pas grand-chose. C'est aussi, *surtout* je dirais, un excès de mémoire et d'imagination qui fait que je visualise facilement tous les tracas qu'on peut avoir, des plus infimes aux plus graves. Ça entraîne une réelle empathie de ma part, qui fait que je me sens proche des gens, je me mets facilement à leur place et veux leur bien-être. Un bien-être qui, par définition (je suis à leur place!), se confond avec le mien : ce n'est pas *uniquement* pour moi comme le voudraient beaucoup de psychanalystes, pas non plus *uniquement* pour les autres dans un désintéressement total, comme le voudrait une morale idéale et impossible, à mon avis.

Le problème – je m'en rends compte parfois, tout de même – est que mon attitude n'est pas universelle, c'est le moins qu'on puisse dire. Une certaine malveillance des gens est même assez fréquente. Du coup, mon penchant devient de l'aveuglement, de la non-intelligence, et même de l'inconscience. Quelqu'un qui souffre (d'une manière ou d'une autre) n'est pas pour autant bon. Et pendant que vous ne voyez et ne regardez que l'aspect douloureux de sa personne (ou la gêne, même infime, qu'il subit), vous en oubliez tout le reste. C'est dangereux. J'essaie de me le rappeler, je me force à ressasser toutes les déceptions, les grossièretés, les trahisons que j'ai vues, que j'ai vécues, dans mes moments de lucidité.

— Et alors?

Le stylo est posé de travers entre sa joue et la paume de sa main, qui soutient sa tête – des yeux vifs, curieux, mais las, et des rides profondes, parfaitement parallèles, tout le long de son front.

— Ça marche un peu, c'est vrai, j'arrive à stopper mes élans beaucoup plus tôt. Mais je rechute vite, si on peut dire ça comme ça. Il suffit d'un regard, ou, pire encore, d'une requête quelconque.

Silence. Son stylo joue un peu dans ses doigts, note quelque chose, s'arrête à nouveau.

— Alors, Docteur, qu'est-ce que vous en pensez maintenant ?

— Chère Madame, je pense exactement la même chose qu'il y a – il regarde très vite, avec une discrétion professionnelle, l'horloge idéalement placée sur le mur devant lui et derrière moi, à hauteur de sa tête. Il résume sa phrase «qu'il y a une demi-heure : ce n'est pas un motif de consultation».

Puis, prenant un ton plus professoral :

— C'est pathologique, si on veut, d'un certain point de vue, et je le classerais volontiers dans le cadre des troubles obsessionnels mineurs. Mais nous – la psychiatrie, je veux dire – ne pouvons rien pour vous, sauf éventuellement vous aider dans l'analyse de ce que vous croyez naïvement (quoi que vous prétendiez) être de la gentillesse. Je peux vous recommander à ce sujet quelques livres, si vous le souhaitez.

Il réfléchit et note deux titres sur un papier qu'il me tend. Je prends le papier, le lis, le range dans mon sac et remercie le médecin. Évidemment je les ai déjà lus, évidemment je ne le lui dis pas.

— Mais, Madame, croyez-moi, cette naïveté refoulée reparaîtra ailleurs. Mieux vaut repartir chez vous et vivre avec cette petite infirmité, si tant est que c'en soit une, finit-il avec un sourire.

— D'accord, je comprends, merci beaucoup. Je crois bien que vous avez raison. Je vous dois combien ?

— Cinquante euros.

La consultation a duré près de quarante minutes, après les charges il lui restera à peine la moitié de ces cinquante euros. Ce n'est pas beaucoup, après dix années d'études. Il passe une grande partie de ses journées dans ce petit bureau mal aéré, décoré de deux reproductions tristes avec des couleurs délavées. Sûrement les murs n'ont pas été repeints depuis des années. Il est visiblement fatigué et près de la retraite. La salle d'attente est comble, il lui faut encore absorber tant de paroles confuses, de gens égarés, de malheurs et de situations sans espoir et sans solution. Et il devra tout supporter, pas forcément en souriant, mais supporter, oui.

Elle voudrait tant… mais quoi, quoi donc?

Elle fouille dans son sac pour attraper le chéquier, quand elle se ravise et prend le portefeuille, en sort un billet de cinquante euros qu'elle lui tend. Après lui avoir serré la main et l'avoir remercié à nouveau, elle s'en va.

Ça l'arrangera peut-être, les espèces.

Caroline Legouix

Amour filial

Roxane est assise près de la cheminée sur un fauteuil inclinable en velours verdâtre – la place préférée de Jacob, un golden retriever qui perd ses poils –, elle suit des yeux son frère Jonathan. Il traverse le salon de long en large.

ROXANE, *ferme les yeux et soupire* : Tu me donnes le tournis. Pourquoi ne t'assieds-tu pas sur le canapé ?

JONATHAN, *s'arrête de marcher* : Je n'en ai aucune envie. Regarde le creux du coussin, là où papa s'est assis année après année, j'ai l'impression qu'il me crie « c'est pas ta place ! » Et je suis d'accord, je ne veux plus rien avoir à faire ici, je te donne carte blanche pour vider la maison !

Il recommence à marcher.

ROXANE : Les parents sont éternels.

JONATHAN, *sarcastique* : Ouais, et ils nous emmerdent même après leur mort.

Il continue sa déambulation et déplace inutilement les bibelots qui ornent les étagères et les petites tables dispersées aux quatre coins de la pièce.

ROXANE, *ouvre les yeux* : Comment peux-tu parler comme ça de papa ?

JONATHAN : Ben quoi ! Je dis ce que je pense !

ROXANE : Tout de même, tu exagères, il y a des choses qui ne se disent pas.

JONATHAN : Ça n'empêche pas de les penser. Alors, c'est bien mieux d'en prendre conscience et d'en parler, sinon on développe des ulcères, je sais de quoi je parle.

Il se frotte machinalement l'abdomen.

ROXANE, *irritée* : Oh ! Ça n'a aucun rapport, tu veux toujours faire des liens là où il n'y en a pas.

Elle allume une cigarette nerveusement.

JONATHAN, *accusateur*: C'est la troisième en dix minutes.

Roxane semble ne pas entendre la remarque.

Franchement, Rox, tu me fais marrer avec ta migraine qui a commencé dès que tu as franchi la porte d'entrée.

ROXANE: Il y a tant de souvenirs mêlés ici... et puis ça sent le renfermé!

JONATHAN, *d'un air satisfait*: Ah! tu vois, tu somatises toi aussi. Tu devrais écouter ton corps et arrêter de faire l'autruche. Papa était un salaud et tu ne me feras pas changer d'avis.

ROXANE, *sur un ton de reproche*: On ne peut pas parler comme ça des morts...

Elle lance son mégot dans le foyer.

JONATHAN: Qu'est-ce que ça peut lui foutre, il ne nous entend plus. Et je regrette de ne pas avoir vidé mon sac quand il était encore vivant, cela aurait été plus sain, au lieu de faire semblant d'avoir encore des choses en commun avec lui.

ROXANE: À quoi est-ce que cela t'aurait avancé, ce déballage?

JONATHAN: À me libérer et à regagner ma dignité, ma chère sœur.

Il lui donne une grande tape sur l'épaule gauche en passant derrière le fauteuil.

ROXANE, *grimace exagérément*: Aïe, ça m'a fait mal jusque dans la tête.

JONATHAN: Tu as toujours voulu le ménager, mais regarde le résultat! Tu étais dans tous tes états quand tu venais le voir, Cédric t'a reproché jusqu'à votre divorce de n'avoir jamais vraiment quitté le nid familial, et tes enfants ne veulent plus mettre les pieds ici parce que leur grand-père était odieux avec eux.

ROXANE, *le regard dans le vague*: Je me sentais responsable...

JONATHAN: Responsable de quoi?

ROXANE: Je ne sais pas. De son bonheur, de son malheur. C'était plus fort que moi, il fallait que je répare quelque chose, sa vie de solitude, notre enfance...

JONATHAN, *d'un ton agacé*: Tu n'avais pas pour mission de le sauver. Il s'est brouillé avec tout le monde, sauf avec toi, mais il te manipulait, ma chère... il t'utilisait.

ROXANE : Tu es jaloux !

JONATHAN : Non, vraiment pas, plutôt lucide. Il connaissait tes points sensibles, il soufflait le chaud et le froid et toi tu tombais chaque fois dans le panneau. Tu as oublié de grandir, tu as continué de trembler devant ses colères.

Roxane se tait. Regarde ailleurs. Elle pleure. Jonathan s'assied par terre à côté du fauteuil vert. Jacob, qui regarde la scène depuis l'entrée du salon, derrière une barrière invisible, gémit et sa queue fouette le sol.

JONATHAN, *autoritaire* : Couché, Jacob !

Il se radoucit.

Sèche tes larmes, Rox, je ne voulais pas te faire de la peine, mais il est temps que tu acceptes la vérité. Il n'y avait que lui qui comptait, il était imbu de lui-même et violent.

ROXANE, *mots mouillés* : Ce n'est pas vrai…

JONATHAN, *d'une voix blanche* : Rappelle-toi l'enfer quand nous étions petits…

ROXANE : Mais on doit aimer ses parents !

JONATHAN : Non, aimer n'est pas un devoir, c'est un sentiment. Les gens ressentent de l'amour ou pas, c'est tout. Est-ce que tu peux dire que tu l'aimais ?

Roxane ne dit rien. Jonathan insiste doucement en serrant les mains de sa sœur entre les siennes.

Allô, je t'écoute…

Dix minutes passent. On n'entend que la respiration saccadée du chien et les voitures qui circulent dans la rue.

ROXANE, *à peine audible* : Je ressentais un vide effroyable… Je m'en suis toujours voulue de ne pas avoir de tendresse pour lui.

JONATHAN : C'est normal, comment aurions-nous pu lui rendre ce qu'il ne nous a jamais donné ?

ROXANE : Parfois on aime sans retour.

JONATHAN : Oui, et dans ce cas-là on souffre le martyre, faut pas être maso !

ROXANE : Je lui ai été fidèle.

JONATHAN : Tu es libre maintenant, sois fidèle à toi-même. Et arrête de culpabiliser pour tout, est-ce que tu crois qu'il avait des remords quand il nous terrorisait ?

Jonathan se relève et marche rapidement. Jacob le suit des yeux avec concentration, prêt à bondir dès que l'humain lui en donnera l'autorisation.

ROXANE, *dans un murmure, après quelques minutes de silence*: Tout de même, il ne l'a pas eue facile...

Elle renifle et éponge ses joues avec ses deux manches pleines de poils de Jacob. Elle semble maintenant avoir une barbe d'adolescent. Jonathan rit et l'essuie avec sa main. Roxane ne lui prête pas attention.

JONATHAN : Arrête de lui trouver des excuses, c'était un adulte avec les mêmes responsabilités que tout un chacun. Il était libre de faire des choix dans sa vie, mais il ne s'est jamais remis en question.

ROXANE : Il était devenu si vieux...

JONATHAN : Cela n'efface pas les fautes.

ROXANE : Tu es dur. Le pardon, ça existe !

Roxane cherche une cigarette dans le paquet sur ses genoux. Vide. Elle le jette rageusement dans le foyer.

JONATHAN, *s'arrête de marcher et se plante devant Roxane*: Écoute, pour moi, papa est une affaire classée. Sauf que tout de suite, il nous pose encore un problème...

ROXANE, *se lève et regarde par terre devant la cheminée*: Tu aurais dû faire attention, tout de même, en posant l'urne. On t'avait pourtant prévenu qu'elle ne fermait pas bien.

JONATHAN, *se gratte la tête*: Bon, mais alors qu'est-ce qu'on fait avec les cendres : je passe l'aspirateur ou tu ramasses ce que Jacob n'a pas bouffé ?

Le frère et la sœur éclatent de rire, on dirait qu'ils ont dix ans.

FRANÇOIS LEPAGE

Mais où sont les neiges d'antan...

Frédéric Gauthier est rêveur aujourd'hui. Bien qu'il ne s'autorise que rarement à verser dans l'autosatisfaction, il se laisse envahir par un sentiment languide, presque voluptueux, de la tournure qu'a prise sa vie. Il vient d'avoir 58 ans, possède la première boîte de création graphique de Montréal qu'il a lui-même créée, est à l'aise, très à l'aise, possède un immense loft sur le canal Lachine et une BMW Z4. S'il est un peu sentimental aujourd'hui, c'est pour une raison très simple. Sa fille Aurélie vient de lui annoncer qu'elle va se marier. Il l'a invitée à déjeuner chez Laloux et il a une heure à perdre, n'ayant pas l'esprit à se plonger dans ses dossiers.

Alors Frédéric se glisse dans la nostalgie comme on se glisse dans un lit douillet. Il pense à ses vingt ans, les années bohème, à cette époque où la marijuana était une drogue douce, où faire l'amour était banal, où le mariage était une option ridicule. Un instant, un petit nuage noir vient assombrir son petit royaume *Yellow Submarine*. Diane. Sa seule liaison amoureuse digne de ce nom. Diane qu'il avait quittée brusquement pour partir à Vancouver. Diane qu'il avait laissé tomber parce qu'elle était enceinte et qu'elle ne voulait pas se faire avorter. Erreur de jeunesse. Il va entamer le souvenir de ses années vancouvèroises lorsqu'il s'aperçoit qu'il est temps de partir pour le restaurant s'il ne veut pas être en retard. Frédéric a depuis toujours une phobie maladive du retard.

Il arrive chez Laloux à l'heure, le premier bien sûr. Il sait qu'Aurélie sera en retard. Aurélie, elle, est toujours en retard. Il a donc devant lui une petite demi-heure pour continuer son cinéma nostalgique.

Les années de galère à Vancouver, où il touche à tout, peinture, théâtre, musique et champignon magique. Et puis le jour où il comprend que sa véritable niche écologique est le graphisme publicitaire. Le retour à Montréal en pleine crise économique du début des années quatre-vingts. Trente ans, pas de job, pas d'argent. Et enfin le miracle avec l'arrivée sur le marché de cette petite merveille qu'est le MacIntosh. Il est alors un des premiers à comprendre qu'un monde nouveau vient de naître : l'infographie.

Il va ouvrir le chapitre de la création avec ses colocs Fred et Julien de la PME CompuGraf dont le siège social était dans le salon du trois et demi qu'ils partageaient, lorsque Aurélie arrive.

— Tu es en avance ! dit-il souriant et en l'embrassant. Eh bien oui, habituellement, tu as une demi-heure de retard alors qu'aujourd'hui tu n'as que vingt minutes.

Aurélie le fixe un moment, un peu méfiante. Habituellement, elle n'apprécie pas tellement ses remarques qu'il croit humoristiques mais aujourd'hui elle est toute à son bonheur de partager avec son père ses projets d'avenir.

— Oui, j'ai couru car j'avais hâte de te montrer les photos ! Nous avons passé la fin de semaine avec sa mère à son chalet de Saint-Adolphe d'Howard et j'ai pris des photos de Charles.

Le serveur s'avance.

— Bonjour ! Prendriez-vous un apéritif pour commencer ?

— Je prendrais bien un kir, dit Aurélie.

— Deux kirs !

— Royal ou ordinaire ?

Pourquoi les garçons de restaurant ont-ils toujours l'air de vouloir avoir le dernier mot ?

— Royaux, bien entendu !

Aurélie sort une grosse enveloppe du Centre Japonais de la Photo. Elle en exhibe un impressionnant paquet de photos. Comment peut-on prendre cent photos dans une fin de semaine, se demande-il en se gardant bien de partager ses réflexions.

— Tu vas voir s'il est beau.

Là, c'est plus fort que lui.

— Tu parles du chalet ?

— Arrête de niaiser. Tu vas beaucoup l'aimer. Il a le même sens de l'humour que toi.

Je ne suis pas sûr que j'aime mon sens de l'humour, surtout chez les autres... se dit-il.

— Même physiquement il te ressemble si je me fie aux photos de toi quand tu étais jeune.

Ça y est, je viens d'apprendre que je suis vieux.

Les photos défilent. Frédéric est heureux de partager un peu du bonheur de sa fille.

— Celle-là de nous deux, c'est sa mère qui l'a prise sur la véranda.

Il a droit à Charles sur le bord du lac, Charles au petit-déjeuner, Charles sur le quai en maillot de bain, Charles aux fourneaux en train de tourner une cuillère en bois dans une casserole.

— Enfin la dernière, que j'ai prise avec la minuterie en plaçant l'appareil sur la cheminée.

Attablés autour d'un poulet grillé qui a l'air délicieux et regardant tout souriants en direction de l'objectif, Aurélie, Charles et sa maman posent pour la photo. Sa maman, c'est Diane.

Frédéric accuse le coup. À la mi-cinquantaine, Diane est toujours jolie femme. Son regard pétillant n'a pas changé. Frédéric n'arrive pas à détourner son regard de la photo.

— Qu'y a-t-il? demande Aurélie.

— Rien, ce visage me rappelle quelqu'un.

— Tu verras, elle est très sympathique, très simple. Et pourtant, c'est une universitaire de renom, une sociologue très réputée dans son domaine. En tout cas, lorsque vous vous rencontrerez, pas de blague de fesse ou autre vulgarité macho du genre. C'est une féministe de la première heure, qui milite encore.

*

Frédéric boit peu mais ce soir il en est à son troisième whisky. L'alcool aidant, les souvenirs deviennent plus poignants. Il revoit des choses – peut-être les réinvente-t-il. Il repense à cette union avec la mère d'Aurélie après qu'elle l'eut plaqué en lui laissant la petite pour aller vivre avec une femme. La plus grande humiliation de sa vie. Il aurait dû rester avec Diane.

Frédéric allume la télévision, la referme aussitôt. Il va se coucher. Une bonne nuit replacera tout cela dans l'ordre normal des choses.

À trois heures du matin, une décharge électrique le transperce des orteils aux oreilles. Il se dresse d'un coup dans son lit et dit:

— Charles est mon fils. Ma fille va épouser mon fils.

La nuit réparatrice vient de se terminer, se changeant en tempête sous son crâne. Il se lève, se dirige vers la cuisine. L'horloge du micro-ondes indique 3 h 22. Il se prépare un café et réfléchit. Après une heure de réflexion, le problème apparaît d'une simplicité ridicule. Ou bien il ferme sa gueule ou bien il parle. S'il ferme sa gueule et que Charles est son fils, ça va finir par se savoir. Il ne peut fuir Diane, ne serait-ce que pour la cérémonie du mariage. Et puis même s'il réussissait à cacher la chose. Imaginons qu'ils aient un enfant. Il voit déjà un cul-de-jatte hydrocéphale mongolien. S'il parle, à qui va-t-il parler. À Aurélie? Jamais! À Diane? C'est pire!

À 8 h, il appelle son directeur des relations commerciales.

— Jean? Écoute, je ne peux pas aller au bureau aujourd'hui, une affaire personnelle importante et embarrassante.

— Mais Frédéric, tu oublies que nous avons une réunion à 10 h avec le directeur des communications du Cirque du Soleil. Je te rappelle qu'il s'agit d'un contrat d'au moins trois millions de dollars. Il faut absolument que tu sois là.

— Je ne peux vraiment pas. Écoute, fais pour le mieux. D'accord?

Frédéric raccroche. Il est en sueur et pense avec raison que sa sueur sent le whisky.

*

— Maman, j'ai quelque chose d'important à te dire.

Diane referme lentement le livre qu'elle lisait, se cale dans le fauteuil du salon, les sourcils froncés, surprise, un peu inquiète du ton grave de son fils.

— Je t'écoute.

— Voilà. Un type dans la cinquantaine avancée est venu me voir aujourd'hui. Il dit s'appeler Frédéric Gauthier et prétend que je ne peux pas épouser sa fille Aurélie parce qu'il serait mon père.

Diane encaisse le coup. Pas le maudit chien sale de Frédéric Gauthier! Je pensais qu'il était sorti de ma vie pour toujours, celui-là. Elle se calme, elle réfléchit. Elle décide d'aller à l'essentiel.

— Je te rassure tout de suite, il n'est pas ton père. Nous formions un couple très amoureux, assez bohème, quand à vingt-trois ans j'ai découvert que j'étais enceinte de près de deux mois. Je lui ai dit que je voulais garder l'enfant. Je pense que c'était plus pour tester son attachement qu'autre chose. À vingt-trois ans, surtout dans les années soixante-dix, on n'avait pas beaucoup de repères. Je ne pouvais même pas en parler à mes parents qui faisaient partie de cette dernière génération de Québécois à avoir une foi non critique en l'enseignement de l'Église catholique. Frédéric a dû paniquer ou je ne sais trop quoi et il a disparu. On m'a dit qu'il vivait à Vancouver mais je n'ai jamais su si c'était vrai. J'ai fait une dépression, la première et la dernière à cause d'un homme, et au bout de deux semaines j'ai fait une fausse couche. J'ai couché avec le premier venu, ton père dont, comme tu le sais déjà, je n'ai jamais connu le nom. Et voilà. Cela dit, j'aimerais bien revoir Frédéric, ne serait-ce que pour lui arracher les couilles.

Charles sourit. Il a l'habitude du langage plutôt cru de sa mère. Un immense soulagement l'envahit. Fausse alerte. Faux problème. Mais il a eu chaud.

— Je vais le prévenir de son erreur. Le pauvre vieux avait l'air complètement démoli.

— Le pauvre? Démoli? Mon œil!

Diane se lève, quitte la pièce et revient avec un trousseau de clés.

— Tiens, tu vas partir au chalet avec Aurélie pour une semaine. Pas de téléphone, pas de courriel. Il va mariner dans son jus.

*

Frédéric vient d'arriver à son appartement. Il est au bord de la crise de nerf. Non seulement Charles ne le rappelle pas mais il a perdu le contrat du Cirque du Soleil et son comité de direction l'en a blâmé. Se faire blâmer par son comité de direction, lui qui a monté cette boîte tout seul. Il se sert un double whisky.

Le téléphone clignote. Il a un message. *98 1234.

— Vous avez « 1 » nouveau message, dit la voix de l'ordinatrice.

— Bonjour papa, c'est Aurélie. Charles a eu une idée un peu folle mais c'est ce que j'aime chez lui. Nous partons à l'instant pour une semaine au chalet de sa mère. Il n'y a pas de téléphone, pas d'Internet et le cellulaire ne se rend pas jusque-là. Le paradis quoi! Ne t'inquiète pas, je te rappelle à mon retour et je t'invite à souper chez moi. Bye!

— Ta-bar-nak, se dit Frédéric, j'ai engendré un débile.

Il ne sait plus quoi faire. Attendre une semaine? Si ça se peut, elle va revenir enceinte d'un monstre. Alors, contacter Diane? Il a pris sa décision. Il va appeler Diane et la flatter dans le sens du poil pour lui tirer les vers du nez.

*

Diane prend son apéritif vespéral. Elle s'est servi un verre d'un excellent riesling. Elle ne boit pas beaucoup mais elle se gâte.

Demain, elle part pour Boston donner une conférence. On pourrait dire qu'elle a réussi une belle carrière mais ce n'est pas son opinion à elle. Professeur de sociologie, auteure d'une dizaine d'ouvrages très bien cotés, elle ne pourra considérer avoir réussi sa vie que dans la mesure où elle aura contribué à l'éradication du machisme aussi présent à l'université qu'ailleurs. Le téléphone sonne et elle se lève pour prendre le combiné. L'afficheur indique Frédéric Gauthier. Elle hésite un instant, décroche.

— Diane.

— Oui, Frédéric, c'est moi. J'attendais ton appel.

Silence. Il se demande ce qu'elle veut dire par là. Il décide de foncer.

— Je n'irai pas par quatre chemins : est-ce que Charles est mon fils?

— Non.

Éclair. Soulagement. Apaisement. Presque détente. Début d'euphorie.

— Tu ne peux pas savoir comme ça me rend heureux!

Il continue.

— J'ai souvent pensé à toi pendant toutes ces années. Une certaine nostalgie de ces années de liberté, du rejet de la chape de plomb dont la société québécoise nous recouvrait.

— Oui, oui.

— Je pense quelque part que tu as été ma seule expérience amoureuse authentique…

— Écoute, mon gros trou du cul, je respecte le fait que mon fils ait choisi ta fille comme compagne mais en ce qui me concerne nos relations vont se limiter au mariage, aux naissances et aux enterrements en espérant que le tien sera le premier.

Clap.

Louise Cotnoir

La ville mystique

Assise à sa table d'écriture, elle fixe la lettre d'invitation, la parcourt pour la troisième fois, puis la remet dans l'enveloppe et l'abandonne parmi d'autres papiers. Elle se lève, se rend à la cuisine, se prépare une tasse de thé vert. «Ça me calmera.» Elle va s'installer dans son fauteuil préféré et, songeuse, regarde les feuilles délicates se déployer au fond de la tasse comme un origami, savoure l'élixir à petites gorgées, rêvasse un peu…

«Un court voyage en Italie, fin juin début juillet?» Le projet la titille et, tout à la fois, soulève quelque réserve. Il est vrai que la perspective de se confondre aux milliers de touristes en cette saison estivale refroidit un peu son enthousiasme. «Tout de même, se dit-elle, un voyage tous frais payés et une rémunération pour mon texte, quelle aubaine!» Elle ferme les yeux, s'imagine déjà dans ce plaisir du déplacement et murmure: «Sienne… Sienne…» Une incantation propitiatoire. Les souvenirs dérivent au gré des images sous ses paupières. Pourquoi le nom de ce lieu, rien qu'à le prononcer, lui serre-t-il la gorge? Pourquoi un retour après quinze ans lui paraît-il impensable? Un curieux trouble métamorphose la proposition d'abord perçue heureuse, voire même alléchante, en un fâcheux choix.

Elle regagne lentement son bureau, saisit avec détermination l'enveloppe au timbre reproduisant la devise de la Cité: *Cor magis tibi Sena pandid*. À cette évocation, un sourire ambigu se dessine sur ses lèvres tandis que ses mains tavelées et ridées aux jointures, comme si la mort se donnait des allures décoratives, se mettent doucement à trembler. Par quel mauvais sort la piazza del Campo, en forme de coquille Saint-Jacques, avec la tour du Baptistère, témoin sinistre de la fin de la Peste noire de 1348, s'imposent-elles à sa réflexion? Des ânes et du fumier jetés par-dessus les remparts sur les Siennois s'y ajoutent, créant de l'inquiétude. Déjà la première fois, elle avait craint ce lieu plein de querelles, aux caniveaux puants. Ces malheureuses réminiscences l'inciteraient-elles aujourd'hui à renoncer à ce voyage inattendu?

Pourtant, elle se prétend une voyageuse passionnée et ne comprend pas d'où cette contradiction a pu surgir. Quand elle se trouve confrontée à un tel «syllogisme disjonctif», elle a l'habitude de recourir à deux feuilles sur lesquelles elle note d'une part les aspects positifs et d'autre part négatifs d'une proposition pour ensuite en dégager une conclusion éclairée. De retour à sa table d'écriture, elle inscrit en premier lieu les éléments favorables qui la convaincraient de se rendre à cet endroit dont, toutefois, la seule appellation la déstabilise.

D'abord lui reviennent des photos de cartes postales d'une Toscane idyllique avec ses oliviers, ses vignobles, la douceur de ses paysages. Un firmament terriblement bleu que de petits nuages traversent à l'approche des fortifications qui entourent les trois collines d'argile. Une terrasse de café sur la grand place où des pigeons viennent boire à la fontaine de la Joie. Un espace sans arbres, sans ombre. N'existent là que les jeux de lumière sur la façade du Dôme aux marbres polychromes ou ceux noirs et blancs du campanile, la fascination devant les costumes bariolés des *alfierie* et leur adresse à faire voltiger de manière vertigineuse leur drapeau. Aucun escalier hostile aux battements du cœur, rien que l'allégresse d'une déambulation paresseuse à travers un dédale d'architectures. Une clarté aveuglante en plein après-midi de canicule, dans la géométrie instable des rues étroites, organise un tableau moderne au cœur de cette ville encombrée de palais somptueux. Arrêt obligé devant le Palazzo publico, non pas pour ses triples baies aux lobes triples mais bien pour l'emblème de la louve avec ses jumeaux. Elle sourit aux souvenirs de ses cours de latin, des célèbres Romulus et Remus… Pourquoi certaines portes s'ouvrent-elles soudain sur le vertige, des apparitions surgissent-elles d'une adolescence rendue merveilleuse par l'alchimie de la mémoire?

*

L'obligation de rédiger une communication sur *La mémoire des lieux* en vue de ce séjour lui apparaît d'emblée comme une heureuse coïncidence. Mais pour quelle raison sa pensée dévie-t-elle, se met-elle à errer sur le poil galeux des chats errants? Maintenant, Sienne prend des airs de tragédie.

*

Une odeur de poussière s'infiltre dans une ruelle triste où elle se voit traîner les pieds en se parlant tout bas, grommelant devant un cortège funèbre accompagnant un cercueil jusqu'au lieu de l'ensevelissement. Les touristes, comme elle, en un geste machinal se signent. Elle plaque son corps contre la nudité du mur ocre d'une maison. Elle imagine toucher aux nerfs de la ville qui savent ce qui gît au fond de l'angoisse et remontent avec le sang jusqu'à ses tempes. Petit à petit, elle se rappelle comment un décor d'illuminés s'est mis en place, comment l'endroit s'est transformé en une blessure hurlante, en scènes d'immondices, de cadavres empilés et brûlés... Elle se revoit courir à toutes jambes avec un seul désir: fuir l'horreur qui se répandait avec la peste... Elle en frissonne encore. La même panique, une peur plus grande que la peur, venue de si loin qu'elle la nomme, à défaut d'un autre vocable, souvenir d'enfance. Elle s'est précipitée à l'intérieur de l'église Saint-Dominique pour se mettre à l'abri, pour éloigner cette confusion à laquelle s'ajoutait une frayeur sans objet précis.

Toujours confondue, elle revoit l'immense transept de cette église conventuelle gothique à deux étages. Le chatoiement des lampions sur les voûtes donnait à cet édifice un curieux agencement. Une odeur de moisi émanait de l'ensemble. La tête lui tournait dans l'excès d'encens qui parfumait le lieu. Elle s'approchait d'une chapelle sur les murs de laquelle deux fresques représentaient l'une sainte Catherine en extase et recevant les stigmates, l'autre la même sainte assistant Nicolò di Tuldo, condamné à mort...

Tétanisée par cette foi religieuse qui infligeait au corps de la Grande Mystique de tels sévices, elle serait restée pétrifiée face à la scène durant des heures si des religieuses hystériques ne l'avaient bousculée, se jetant face contre terre et bras en croix devant la châsse qui contenait la tête réduite (un trophée de chasse ou de guerre) de la Sainte et Martyre! Après cette expérience, elle a refusé de mettre les pieds dans les nombreux édifices religieux craignant d'y retrouver ces immenses toiles douloureuses auxquelles s'ajouteraient sûrement de cruelles crucifixions peintes avec le souci avoué d'exprimer en couleurs cette hideuse torture sacrificielle…

Elle avait regagné, comme on s'échappe de l'enfer, la piazza del Campo espérant y rejoindre la beauté sereine des jardinières débordant de géraniums écarlates et le calme d'une terrasse où elle boirait avec plaisir un verre de *prosecco*… Espérant que cette pause la délivrerait peut-être de ce corps à corps avec cette ville mystique qui lui perturbait l'âme.

Mais c'était sans compter sur la *corsa al palio*! Voilà que des chevaux, leurs crinières virevoltant dans la course, leurs mors écumants, leurs œillères brillantes comme des éclats de foudre avec leurs cavaliers dégoulinant de sueur tournaient dangereusement sur la place dans un bruit évoquant un véritable chaos! La panique d'alors lui revient encore aujourd'hui avec la crainte d'être piétinée par les sabots déchaînés…

*

Elle tourne, retourne, triture la fameuse missive, ses yeux s'attardent de nouveau sur le thème du colloque: *La mémoire des lieux*. Elle tergiverse encore un peu quand Sienne se manifeste de nouveau, flottant dans une sorte de matière spongieuse presque boueuse. Elle entend encore des fanfares aux couleurs criardes jaillir des petites rues et converger vers une foule débridée dans la chaleur d'un après-midi déconcertant…

Aucune incantation magique ne la délivre de cette anxiété qui l'assaille en songeant à cette ville qu'elle voudrait effacer de sa mémoire mais où elle ira tout de même, pour découvrir quel aspect secret entre la joie ou l'angoisse d'y vivre à nouveau s'imposera à elle.

Sienne t'ouvre mieux son cœur.

Marie Parent

Veille à voix haute

Il y avait déjà quelques heures que je te veillais quand ils m'ont dit que tu ne reprendrais pas connaissance. Je ne les ai pas entendus. J'ai pris ton bras, j'ai dit non. Il n'était pas question que je lâche ton bras.

Quatre-vingt-quatre ans, il paraît que c'est un âge honorable pour mourir. On dit ça.

Dès le premier jour, il m'est apparu nécessaire de te faire la lecture. Tu ne passais pas une journée sans lire les journaux, alors je suis descendue au dépanneur en bas, j'ai fait provision de quotidiens nationaux et je t'ai lu tous les grands titres. Ensuite, j'ai tenté de choisir des articles qui t'auraient intéressé. J'en parcourais la moitié, levais la tête et cherchais à percevoir un signe d'encouragement sur ton visage. Quand j'ai eu fini, je ne savais plus quoi faire. Je suis rentrée chez moi.

Trois lettres ils ont prononcées : Arrêt Vasculaire Cérébral. J'avais souvent entendu ces mots. Je leur ai dit que tu étais en bonne santé. Ils m'ont souri tristement.

Devant ma bibliothèque, j'ai cherché des livres à te lire. Tu ne lisais pas de romans. J'aurais voulu trouver un texte qui aurait du sens pour toi. Un récit de chasse ou d'aventures. *Moby Dick* ou *Le Livre de Marco Polo*. J'ai choisi Marco Polo, une édition illustrée. J'aurais voulu que tu voies le monde.

Ils m'ont dit de prendre mon temps. J'ai grimacé. Je ne savais pas ce que ça voulait dire : prendre son temps. Comme dans *Les mille et une nuits*, j'aurais pu trouver des histoires à l'infini, pour suspendre les jours. Après Marco Polo, *Les frères Karamazov*, des relevés d'expéditions polaires, la Bible, pourquoi pas. Pour repousser la mort.

Le deuxième jour, j'ai ouvert le livre, fébrile. Je me demandais si tu aimerais, je craignais que tu ne sois ennuyé par les tournures un peu archaïques de ce compte rendu vieux de 750 ans. Je n'arrivais pas à imaginer ce que tu aurais dit en lisant telle ou telle phrase. J'ai scruté ton visage pendant de longues minutes. Je déformais mentalement tes traits, jusqu'à reconstituer une image de toi qui me soit familière.

Quand Marco fut revenu de sa mission, il alla devant le Seigneur et lui rendit compte de tous les faits pour lesquels il était allé, et comment il avait bien achevé sa besogne. Puis il lui conta toutes les nouveautés et toutes les étranges choses qu'ils avaient vues et connues bien et sagement.

Je partais du travail vers seize heures. Passais à la maison, préparais le souper pour Jean-Pierre. On se croisait dans l'entrée. Salut. Ton père? Ça va. À l'hôpital à dix-neuf heures tapantes. Vingt pages par soir. À ce rythme, j'aurais fini dans 15 jours.

Lui parlez-vous? Non, pas vraiment. Je lui lis un livre. L'infirmière m'a regardée drôlement. Vous venez chaque soir, elle m'a dit. C'est ce que les gens font, normalement, non? Elle a détourné les yeux.

Nous n'avions jamais beaucoup discuté. Tu n'aimais pas les paroles en l'air. Tu répétais souvent les mêmes mots. Comme des slogans. À la longue, ça s'était transformé en une sorte de ritournelle dans mes oreilles. Je n'avais pas l'impression que tu me parlais. Plutôt que tu t'efforçais de produire un bruit de fond, un air familier pour rythmer mes pas. Peut-être était-ce pour cela que je ne savais pas quoi te dire aujourd'hui. Je suis restée immobile, le livre entre les mains. J'ai fermé les yeux, pensé très fort à des phrases que je pourrais prononcer. Il n'en est venu aucune.

Quand ils eurent chevauché plusieurs journées, ils se dirent qu'ils voulaient voir ce que l'enfant leur avait donné. Ils ouvrirent donc la boîte et trouvèrent dedans une pierre, et ils se demandèrent ce que cela voulait dire. Cela voulait dire que la foi qu'ils avaient commencée devait rester ferme en eux comme une pierre ferme.

J'aurais pu te parler du passé, détailler les bons souvenirs que j'avais de notre vie ensemble. Ou les mauvais. Mais ma mémoire était aussi blanche qu'une fenêtre inondée de lumière. Je plissais les paupières, tendais les mains, effrayée, le cœur battant, comme dans un rêve que je faisais souvent où les formes, les sons, les odeurs étaient estompées. J'avançais vers le vide, tous sens engourdis. Dans ce rêve, tu étais un inconnu que je n'arrivais pas à laisser partir.

Je voulais te montrer les images. Je me suis glissée à côté de toi dans le lit. J'ai placé le livre au-dessus de ton visage, en tendant les bras. De ta peau émanait une drôle d'odeur, l'odeur aigre des mal lavés. Ça ne me dérangeait pas. Je tournais les pages une à une. J'aurais pu embrasser ton front, caresser ton visage, poser un de ces gestes simples. Mais j'empoignais le livre trop fermement. Impossible de le laisser choir sur le lit. J'ai tourné une autre page, ai rattrapé la couverture rigide qui bâillait. M'y suis accrochée.

Je prenais parfois ton bras, le tenais dans ma main. Ce n'était pas une caresse. Je le tenais comme on aurait tenu un objet. Pour ne pas qu'il nous échappe et se casse. Tu avais pourtant été tendre envers moi.

Seuls les efforts comptent vraiment, pas les résultats. Tu disais aussi : mérite ce que tu gagnes, et tu n'en seras jamais honteuse. Ou encore. La vie est dure, mais la bonté des hommes existe. Si je te demandais : me trouves-tu belle dans cette robe ? Tu me relançais : es-tu confortable ? Si je te demandais : m'aimes-tu ? Tu me répondais : les enfants sont les biens les plus précieux qu'on puisse avoir.

Un samedi, je me suis installée à table, pour confectionner des tartes. Des années que je n'en avais pas faites. J'ai réussi à rouler ma pâte du premier coup. Trois, quatre belles tartes que je ferais dorer, que je pourrais apporter à l'hôpital pour que l'odeur envahisse la chambre, pénètre ton cerveau, te tire de la mort. Tout me semblait possible. Quand j'ai sorti les tartes du four, je me suis assise devant elles, les larmes aux yeux. J'avais fait quelque chose de bien. Jean-Pierre me surveillait du coin de l'œil depuis des heures. Il s'est approché de moi. Ça ne suffira pas, a-t-il dit. J'ai serré les dents. Une fureur immense, incontrôlable est montée en moi. Je n'ai pas ouvert la bouche pour protester.

Mes mains se sont enfoncées d'elles-mêmes dans la tarte brûlante. Des pommes et de la pâte ont été projetées sur les murs. Ce n'est que plus tard que j'ai compris : le dégât, mes doigts couverts de cloques. Jean-Pierre s'est penché doucement, a nettoyé le plancher à genoux.

Sachez que dans la ville on ne peut ensevelir nul corps mort : les idolâtres les portent, pour les brûler, en dehors de la ville et des faubourgs, en un lieu éloigné qui est désigné pour cela ; et pour les autres croyances, qui mettent les morts sous terre, comme les Chrétiens, les Sarrasins et autres manières de gens, on les porte aussi, loin des faubourgs, dans un lieu désigné : si bien que la terre en vaut mieux et est plus saine.

Je voyais la même infirmière plusieurs soirs par semaine. Je m'étais habituée à elle. Sa présence, ses gestes, me donnaient l'impression d'une étrange routine, presque réconfortante. Nous parlions peu. Elle se penchait vers moi, en refaisant le lit, me souriait. Mon père et moi étions aussi très proches, a-t-elle dit une fois. Il était mon confident. Je lui ai jeté un regard surpris. Je n'aurais jamais dit cela, jamais employé ces mots-là. Étions-nous proches ? Tu n'avais jamais été mon confident. Je sais que j'aurais dû envier l'infirmière. Mais, dans un certain sens, je la plaignais.

Tout ce que j'avais éprouvé pour toi, c'était ce désir féroce, agressif : j'aurais voulu que tu sois heureux. Peut-être l'avais-tu été. Peut-être n'avais-je pas su te comprendre. J'aurais fait n'importe quoi pour que tu sois heureux, à ma manière.

Sachez que tous les bourgeois de la dite cité, et toute autre personne qui y demeure, ont coutume d'écrire sur leur porte leur nom, celui de leur femme, de leurs enfants, de leurs esclaves et de tous ceux qui demeurent dans la maison, et même combien de bêtes ils tiennent. Et s'il advient que quelqu'un meure dans la maison, on efface son nom ; et si quelqu'un y naît, on écrit son nom avec les autres.

Il aurait été convenable que je te remercie. Me planter au bout du lit et énumérer : je te dois ceci, cela. Je n'y arrivais pas. C'est toi qui avais choisi mon prénom. Tu avais dit, crié, murmuré mon prénom jour après jour. M'avais fait exister si fort. Il m'était impossible de rendre ce don-là.

Je m'étais fait couler un bain. J'ai plongé ma tête sous l'eau chaude, espérant assourdir le vacarme qui couvait sous chacune de mes paupières. Des gouttes s'échappaient du robinet et tombaient dans un bruit sourd. Une vibration lointaine me parvenait, celle d'une vie souterraine, primitive et invisible, peut-être un chant. J'ai fermé les yeux, enfoncé un peu plus ma tête dans l'eau, l'ai cognée contre l'émail de la baignoire. Au bord d'atteindre une forme de bien-être. Puis, j'ai entendu une voix, basse et faible, qui me priait : Je veux te parler. Qu'est-ce que tu fais ? Sors de là ! J'entendais les mots, mais ils ne signifiaient rien, dépourvus de toute résonance réelle. J'ai ouvert les yeux. Le visage de Jean-Pierre était penché au-dessus de moi. Ses yeux affolés. Il a glissé ses doigts sous mon cou et a extrait ma tête de l'eau. Il a demandé : ça va ? Il ne pouvait pas voir les larmes qui roulaient sur ma peau mouillée. J'ai dit : oui. Je toussais. Son visage s'est détendu. Il a pris mes mains entre les siennes. Il a dit : tes mains… J'ai répondu : je sais.

Maintenant je cesserai de parler de ces choses et vous dirai la plus précieuse chose qui soit au monde.

Tu m'avais tout donné sauf la parole, mais qu'est-ce que ça pouvait faire ? Nous sommes des milliers, des millions de filles dont le père n'a jamais prononcé un mot qui compte. Qu'est-ce que ça peut faire ?

Un soir, en revenant de l'hôpital, je me suis assise en tailleur devant la bibliothèque. J'ai fait défiler mon doigt sur le dos des livres. Nous arrivions au bout des voyages de Marco Polo. J'aurais voulu trouver autre chose, une histoire d'hommes, une voix qui m'aurait fait penser à la tienne. Ou peut-être une histoire de fille, qui t'aurait fait comprendre ce que je voulais que tu comprennes. Jean-Pierre m'observait du seuil de la porte. Qu'est-ce qu'ils t'ont dit ? Mes mains se sont mises à trembler, je me suis appuyée contre les étagères. Ils m'ont dit de prendre une décision. Il s'est raclé la gorge, est sorti de la pièce. La tête contre la tablette de bois, je me suis répété qu'il fallait trouver un nouveau livre.

Tu m'avais appris à me battre, ça oui, parce que j'étais une fille, ta seule fille, et qu'on devrait me respecter. Le coup puis l'esquive, la chorégraphie selon laquelle je m'étais toujours déplacée dans le monde. Frappe, bouge, frappe, sauve-toi. Ne laisse pas la chance à ton adversaire de prendre le dessus. Reste toujours en mouvement.

En telle manière que vous avez ouï, Nogai vainquit dans la bataille; et je vous dis qu'il y mourut bien soixante mille hommes, mais le roi Toctai s'échappa, et les deux fils de Tolo-boga s'échappèrent aussi.

J'avais lu la dernière phrase des voyages de Marco Polo la veille, et aucune lecture, désormais, ne me semblait suffisante. Je suis venue à l'hôpital les mains vides. Je les ai examinées, tendues au-dessus du drap blanc. Mes pauvres mains mutilées. Ma peau tardait à se réparer, comme si elle voulait garder les traces de cette veille, mes cicatrices de guerrière. J'ignorais contre quoi je me battais.

Dans la chambre, les mains vides. Blessées et froides. Devant toi.

Au dernier moment, il m'est venu une histoire, une sorte de souvenir, probablement inventé. Mon père est là, il me prend dans ses bras et me porte, je viens juste de naître. Toute la nuit, d'un bout à l'autre de la maison, il me tient contre lui, me serre contre sa poitrine, nous sommes suspendus ensemble dans la nuit. Il chantonne une mélodie sans parole, dou-dou-dou-dou-dou, il ne connaît pas les paroles. Il me berce contre son corps en marchant, d'un bout à l'autre du corridor, jusqu'à ce que je m'endorme, il ne m'échappera pas, ne me secouera pas, dou-dou-dou-dou-dou, mais il ne connaît pas les paroles.

J'ai posé un baiser sur ton front, presque violemment, et je suis sortie de la chambre.

Toutes les citations sont extraites de : *Le Livre de Marco Polo ou le Devisement du Monde*, mis en français moderne et commenté par A. T'Serstevens, Paris, Albin Michel, 1984 [1955], 346 p.

Lettre à un écrivain vivant

Robert Lévêque à Jacques Brault

Très cher Jacques Brault,

Vous ne me tiendrez pas rigueur, je l'espère, de cette lettre. Elle sert avant tout à vous saluer chaleureusement et à témoigner de l'impact de votre œuvre sur l'un de vos lecteurs. Vous lirez dans ces fragments d'une chronologie ma découverte personnelle d'un très cher écrivain, un homme intelligent et sensible qui m'a appris à voir, à lire, à aimer, à mourir.

1985. Université de Montréal. C'est la rentrée scolaire. Baccalauréat en études françaises. À peine sorti de Polytechnique, décrocheur désabusé des études scientifiques pratiques, je me présente avec détermination à la première séance du cours de Travaux pratiques de lecture, l'esprit réconforté par un récent apophtegme de mon père : *Tu vas tout droit sur l'aide sociale avec ta littérature!* Le local n'a pas l'air d'une classe, c'est un peu le chaos. Je ne connais personne. Les étudiants debout parlent fort. Un prof, assis, d'une voix douce fait l'appel de noms. L'homme porte un veston de laine gris, des épaules larges, un dos légèrement courbé, des jambes croisées. Lunettes de corne, pas de cravate, l'air timide et bon. Un parfait inconnu. Dès les premiers cours, l'étranger au veston gris commence à nous intriguer. Les semaines passent, je bouquine et tombe sur un livre d'occasion à cinquante sous publié l'année même de ma naissance (1965) et parlant d'un homme qui a le prénom de mon père :

Je me souviens de toi Gilles mon frère oublié dans la terre de Sicile je me souviens d'un matin d'été à Montréal je suivais ton cercueil vide j'avais dix ans je ne savais pas encore

Candidement, j'apporte le livre en classe et le lui montre. *Est-ce vous qui avez écrit ça : **Mémoire** ?* Son soupir affirmatif me laisse songeur. En octobre 1986, les médias annoncent que le prix David est remis à notre professeur, Jacques Brault. Curieux de cette étoile montante, les étudiants du groupe l'interrogent. Il glisse poliment sur les questions et s'empresse de rappeler l'ordre du jour. La même semaine, *Forum* publie une entrevue où il déclare que son métier consiste à « apprendre aux étudiants à lire ». Sur le coup, je suis offusqué. Net. *Non mais, Monsieur, je sais lire depuis la fin des études primaires !* Les années suivantes, je découvre ses essais sur la lecture et sur l'écriture :

> *La vraie lecture, je veux dire la lecture totalisante et dont la finalité reste sans fin, quand elle s'accorde intimement au livre lu, fait de ce livre qu'il est sans âge et sans lieu. Les plus grands écrivains nous sont alors plus proches que nos compatriotes et que nos parents ; ils comptent parmi nos intimes ; ils nous incitent à découvrir au fond de nous-mêmes une vie autre, plus vaste et plus savoureuse.*

Puis je me casse la tête pour tâcher de comprendre concrètement cette altérité qu'il associe constamment à l'écriture :

> *Écrire, parmi d'autres conséquences possibles, fait sortir de soi-même. Ça nous entraîne au loin, ça ramène aussi à soi-même, tant et si bien que celui qu'on a quitté et celui qu'on retrouve ne sont pas identiques.*

Je m'interroge sur le fameux *je est un autre* de Rimbaud, puis entre Blanchot et Platon, je consulte quelques ouvrages sur le voyage astral. Je lis ensuite le récit d'*Agonie* dans lequel un professeur d'esthétique, un homme gris comme l'ombre vit une altérité radicale et devient clochard. À la lecture, je me sens comme l'étudiant du récit, qui vomit d'abord le non-sens, mais qui observe son professeur, puis s'y identifie, acceptant l'agonie de naissance qu'est la vie.

1988. Maîtrise en études françaises. Je talonne ce professeur d'intimité (pas celui-ci, l'autre) et le harcèle. Il a une liste d'attente pour le directorat du mémoire. Un bon jour, il n'en peut plus de ma jactance et cède à la pression. J'essaie de mettre en pratique ses conseils : *collez au texte quand vous lisez et visez la rapidité du trait quand vous écrivez.* Le mémoire est finalement déposé *ad nauseam*.

1995. Université McGill. Scolarité de doctorat, puis une rédaction qui n'en finit pas : *La pensée de l'anonymat chez Jacques Brault.* Je fais un plan de thèse rendant compte de la dynamique de l'effacement :

1. Suppression du nom propre
2. Dissolution de l'individu
3. Résorption du *je*
4. Abolition de l'espace-temps
5. Abrogation de la propriété intellectuelle
6. Sublimation du texte

Yvon Rivard s'acharne à me ramener à l'exercice scolaire qu'est la thèse, mais je m'égare et n'écoute pas vraiment. Jamais été un très bon élève. On me parle de blocage, de transfert… En 1996, les médias annoncent la remise du prix Gilles-Corbeil de littérature, le « Nobel québécois » comme l'appelle Robert Lévesque (pas moi, l'autre). Le lendemain, une intellectuelle de *La Presse* publie un article approfondi : *Qui c'est ça, Jacques Brault ?*

Aujourd'hui, Jacques Brault, votre signature se fait plus rare ; votre voix, plus voilée que jamais. Bien sûr, on parle de plus en plus de vous et de votre œuvre. Les études se multiplient. On connaît maintenant mieux votre art du paradoxe, votre penchant pour les seuils de l'être et du non-être, on lit avec humour dans votre ironie ; on développe de la sympathie pour vos clochards. Vos textes foisonnent d'apophtegmes et de chinoiseries. On vous a suivi jusqu'en Orient. Vous avez tôt montré qu'écrire faisait devenir autre, faisait mourir. Vous avez ajouté qu'aimer et mourir étaient même mouvement. Le syllogisme était on ne peut plus clair : nous comprenons que l'écriture est un geste d'amour. De plus, vous avez expliqué et illustré en quoi lire et écrire constituaient un même acte. Nous saisissons, comme cet étudiant auprès de son professeur d'agonie, l'idée que la véritable lecture d'un texte exige l'effacement même de ce texte autant que l'aveuglement du lecteur. D'ailleurs, on vous a lu jusqu'à la frustration de ne pas tout voir, de ne pas tout comprendre. On vous a écouté lire, relire et dire. Redire même. On a lu vos poèmes et votre prose, vos essais, votre théâtre, vos critiques, vos chroniques et vos traductions. Vos enseignements ont porté fruit.

Maintenant, très cher Jacques Brault, que devenez-vous ?

Cordialement,
Robert Lévêque

Notices biobibliographiques

Francine Allard fête en 2011 ses vingt ans d'écriture. Sa trilogie *La couturière* terminée, elle aura ainsi publié une cinquantaine d'ouvrages, une vingtaine de collaborations dans des magazines littéraires, et rédigé plus de mille chroniques d'opinion. Elle habite Oka où elle a ouvert une galerie d'art lui permettant d'exposer ses aquarelles. La création, vous dites?

Renée Beaulieu scénarise entre autres le long métrage *Le Ring* (2007) qui a remporté plusieurs prix internationaux. Elle réalise aussi et produit plusieurs courts métrages. Elle enseigne à l'Université de Montréal la scénarisation et poursuit des études doctorales en études cinématographiques. Elle travaille présentement à l'écriture et à la réalisation de deux longs métrages, *Le garagiste* et *Quelque temps très ordinaire*.

Viviane Campomar partage son temps entre l'écriture et l'enseignement de la physique-chimie. Elle a publié un roman en 2005, *Chromatographies*, aux éditions HB-Le Mot Fou, puis un recueil de nouvelles consacrées aux femmes en 2009, *Entre fleurs et violences*, aux éditions D'Un Noir Si Bleu. En mai 2010, un roman pour enfants à l'Harmattan, *Les moustaches d'Héraclès*, et en juin 2010 un roman pour adolescents au Seuil Jeunesse, *Pourvu que tu m'aimes*. Mais la nouvelle est son domaine de prédilection!

Annie Cloutier, étudiante en sociologie, est l'auteure de *Ce qui s'endigue* et de *La chute du mur*, parus aux Éditions Triptyque, deux romans salués par la critique. Ses thèmes de prédilection sont la maternité, la sexualité, la construction de l'identité, le féminisme différencialiste et la sociologie du quotidien. Elle est la mère de trois enfants.

Hugues Corriveau, poète, romancier, nouvelliste et essayiste, est critique de poésie et de roman à la revue *Lettres québécoises*, ainsi que critique de poésie au journal *Le Devoir*. Il est l'auteur de vingt-six livres. Son nouveau roman, *La gardienne des tableaux*, est paru à l'automne 2008 chez XYZ Éditeur et son dernier recueil de poésie, *Le livre des absents*, a été publié en février 2009 aux Éditions du Noroît.

Louise Cotnoir est l'auteure de plus de 15 œuvres. En 2005, les Éditions du Noroît ont fait paraître son dernier recueil de poésie intitulé *Les îles*, mis en nomination pour le prix de poésie du Gouverneur général du Canada 2006. En novembre 2009, les Éditions L'instant même publiaient le troisième volet de son triptyque de nouvelles intitulé *La trilogie des villes*, à savoir *Le cahier des villes*.

Israël Desrosiers est né le 26 janvier 1978. Il est titulaire d'une maîtrise en études littéraires de l'UQAM et enseigne au Département de français du Collège Lionel-Groulx.

Julie Fauteux détient un bac en arts visuels de l'Université de Montréal. En 2002 elle publie aux Herbes Rouges son premier recueil de poésie, *C'est un bruit qui me sauve*. En 2008, aux mêmes Éditions, elle publie son second recueil, *Démolition de nuit*. Elle vit et travaille à Berlin depuis 2004.

Renée Gagnon est née en 1978. Elle a publié deux livres aux éditions Le Quartanier : *des fois que je tombe* (2005) et *Steve McQueen (mon amoureux)* (2007). De nombreux textes sont parus dans des revues françaises et québécoises. Elle crée également des mises en lecture de ses textes, qu'elle présente régulièrement au Québec et en France (www.rgdemontreal.com).

Michaël La Chance, philosophe et sociologue de formation, poète et essayiste, est professeur titulaire de Théorie et histoire de l'art à l'Université du Québec à Chicoutimi. Directeur du CELAT à l'UQAC, membre du comité de la revue *Inter art actuel*, à Québec, il a publié nombre d'essais sur la cyberculture, la censure, l'art et la politique, les biotechnologies, l'art action – et six recueils de poésie dont trois chez Triptyque.

Guy Lalancette est né en 1948 à Girardville (Lac-Saint-Jean). Diplômes universitaires : maîtrise en éducation (M.Ed.) et maîtrise en création littéraire (M.A.). A enseigné l'expression dramatique pendant 30 ans à Chibougamau. Publications chez VLB éditeur : *Il ne faudra pas tuer Madeleine encore une fois* (1999), *Les yeux du père* (2001, prix roman Abitibi-Consol), *Un amour empoulaillé* (2004), *La conscience d'Éliah* (2009, prix roman 2010 Salon du Saguenay).

Adriana Langer écrit des nouvelles dont une partie a été publiée dans diverses revues (*Mœbius, Ravages, Psycho-Oncologie, Revue Saint Ambroise*), en parallèle à (et parfois en lutte avec) sa profession de radiologue, qu'elle exerce dans un centre anticancéreux. Elle habite Paris.

Caroline Legouix est née en France et vit dans les Laurentides depuis dix ans. Conseillère d'orientation, elle a d'abord cherché sa vocation pendant plusieurs années en travaillant dans divers services administratifs, l'hôtellerie et le journalisme. Elle a été lauréate, en 2010, du 12ᵉ Concours de nouvelles du Lecteur du Val, en France, avec la nouvelle *L'insolitude*. Un autre de ses textes, *Inventaire avant liquidation*, va paraître prochainement dans *Virages*, la revue de la nouvelle en Ontario français.

Monique Le Maner vit à Montréal. D'abord professeure de lettres puis journaliste dans un hebdomadaire parisien, elle est l'auteure de quatre romans parus chez Triptyque, *Ma chère Margot, La dérive de l'Éponge, Maman goélande, La dernière enquête* et *Roman 41*. Elle a aussi publié deux polars sous le nom de Monique Lepage : *La vieille fille et le foulard rouge* et *Onésime et le chat noir*.

François Lepage est né à Saint-Jérôme en 1950. Après avoir obtenu un B. Sc. spécialisé en physique de l'Université de Montréal, il obtient un doctorat en logique de l'Université de Paris V. Depuis l986, il est professeur de philosophie à l'Université de Montréal. Auteur de nombreuses publications scientifiques, il publie son premier roman, *Le dilemme du prisonnier*, Boréal 2008, mis en nomination pour le Grand Prix de la relève littéraire Archambault 2009.

Robert Lévêque a complété, sous la direction de Jacques Brault, une maîtrise portant sur Saint-Denys Garneau. Puis il a entamé, avec les bons soins d'Yvon Rivard, une thèse de doctorat traitant de l'œuvre de Jacques Brault. Il a publié *Secrets*, à l'Atelier Papyrus, et a collaboré notamment aux revues *Trois, Estuaire* et *Saison baroque*. Il enseigne actuellement au collège Édouard-Montpetit et à l'Université de Sherbrooke.

Frédérique Martin vit en France, près de Toulouse. Elle publie depuis 1998, d'abord en revues et collectifs, puis dans diverses maisons d'éditions. Elle a remporté plusieurs prix dont le prix Prométhée de la nouvelle en 2004 pour son recueil *L'écharde du silence* paru aux éditions du Rocher. Elle donne régulièrement des lectures à voix haute de ses textes et des ateliers d'écriture auprès de tous publics.

Véronique Papineau habite Montréal depuis 10 ans. En 2008, elle a publié aux éditions Boréal le recueil de nouvelles *Petites histoires avec un chat dedans (Sauf une)*, qui a été traduit en russe. Elle travaille présentement à l'écriture d'un roman et d'une série télé.

Marie Parent vient de compléter une maîtrise en études littéraires à l'Université du Québec à Montréal. Elle s'intéresse entre autres à la représentation du corps malade ou blessé dans les textes brefs.

Laurent Poliquin poursuit un doctorat en littérature canadienne-française à l'Université du Manitoba. Ses recherches explorent l'évolution du discours social dans la littérature pour la jeunesse au Canada français. Il est l'auteur de cinq recueils de poésie, dont le plus récent, *Orpailleur de bisous*, a été publié à Ottawa aux Éditions L'Interligne en 2010.

Caroline Rivest est née en 1979. Elle détient une maîtrise en études littéraires et est l'auteure du recueil *Poète-ninja* (Écrits des Forges). Après quelques voyages, elle continue de traîner son sac à dos de ville en ville. Elle profite de son itinérance pour répandre la bonne nouvelle en enseignant la littérature dans différents cégeps.

Christiane Rolland Hasler a publié 3 recueils (Atelier du Gué, Fayard), un 4ᵉ paraîtra en 2010 (Rhubarbe), des nouvelles dans de nombreuses revues et dans des anthologies et des textes en traduction dans des anthologies : Mexique et Nouvelle-Zélande. Collabore depuis sa création à la revue *Brèves* pour des entretiens avec des auteurs et des dossiers sur des pays (récemment Espagne, Océanie).

Sophie Stern a 40 ans. À son actif, des publications de nouvelles en revues et anthologie : *Brèves* (France), *L'encrier renversé, Mœbius, Atelier du Gué & École Estienne*. À venir la publication de son premier recueil de nouvelles *Femmes tortues, hommes crocodiles* chez D'un Noir Si Bleu début. Au fil du temps, elle prend goût à s'impliquer dans la vie littéraire et lance le premier Salon de la nouvelle à Bures-sur-Yvette en vallée de Chevreuse, France.

Michel Vignard est professeur de philosophie. Sous le pseudonyme de Marc Vidal, il est l'auteur de nouvelles (*Brèves, La Revue littéraire*). Pour la radio, il a réalisé des documentaires (*Bikers*, 2003 ; *Le cinéma de Béla Tarr*, 2006 ; *La philo au lycée*, 2007). Il collabore régulièrement au magazine de l'actualité culturelle de France culture, *Tout arrive*. Son premier roman, *La peau du chien*, a paru le 20 octobre 2009 aux éditions de La chambre d'échos.

LES YEUX FERTILES

Hélène rioux

Âmes en peine au paradis perdu, roman
XYZ, 2009, 278 p.

Le premier volet de cette tétralogie, *Mercredi soir au Bout du monde*, déjà couvert d'honneurs, risquait de déplaire à certains lecteurs : quinze chapitres où seuls le premier et le dernier se rejoignent, tandis que les autres se présentaient sous forme de « fragments » (la série de quatre tomes porte justement le sur-titre *Fragments du monde*) qui, à première vue, n'ont rien, ou presque, qui les relie : on y trouve deux danseuses nues dans un bouge à la frontière américaine ; un peintre rêve de devenir un Gauguin moderne et se tue dans un accident de voiture ; une adolescente fugue pour se dérober·à l'ennui familial en Floride ; un chauffeur de taxi québécois et une jeune Dominicaine ne s'entendent pas sur le prix d'une heure de sexe ; un film culte, son réalisateur et le compositeur de la chanson thème qui lui vaudra, peut-être, l'immortalité ; un petit cireur de chaussures dans le métro de Mexico ; une professeure de traduction devant la figure de la Malinche, l'interprète de Cortés ; le frère de la psychologue (la mère de la jeune fugueuse) fait irruption au restaurant Le Bout du monde au moment où les ambulanciers emportent le corps de Doris, habituée du lieu, morte dans les toilettes.

Étourdissant ? Non, au contraire : agencement hautement sophistiqué, amusant ou grave, c'est selon, jetant les fondations de la prochaine étape. Le projet de Rioux est ambitieux, difficile, énervant (à cause des interruptions dans la narration), hybride (roman ? nouvelles ?), déstabilisant (qui sont ces personnages et pourquoi sont-ils là ?). L'éditeur a pourtant prévenu les lecteurs : il y aura des suites qui éclaireront nos lanternes.

La première est sous nos yeux. Du coup, la présence de tout ce monde acquiert son poids, parfois insupportable : le peintre décédé était l'ami de cœur d'une des danseuses nues ; le compositeur a des comptes à régler avec le réalisateur du film culte, mort depuis belle lurette ; Cortés refait surface, tout comme Don Juan ; des « oubliettes » où se trouve l'auteur du livre ayant servi de base au film dans la première partie, nous passons au nirvana où Dante et le marquis de Sade ont maille à partir, et ainsi de suite. Ce qui semblait un casse-tête avec beaucoup d'éléments manquants, se précise ici. Des morceaux s'ajoutent, tombent en place, s'imbriquent. Le tableau se complète sans être terminé, puisque nous ne sommes qu'à mi-chemin de l'aventure.

Une construction hors du commun

Rioux élabore une construction à la fois prudente et audacieuse dont le procédé n'a rien de révolutionnaire. Là n'est pas l'ambition de l'auteure. Beaucoup d'autres ont utilisé la « recette » employée ici : du Moyen Âge (Dante et Boccace ont été les premiers, en Occident) au XXe siècle, avec des points culminants au XIXe (surtout en France). Le problème d'une saga : si l'écrivain, comme Zola, par exemple, présente le début et la fin d'un personnage dans un seul roman et annonce la suite, le lecteur n'est pas nécessairement *forcé* de la lire. Ici, c'est le contraire. Bien que vous soyez en mesure de reconstituer dans ce deuxième volet l'histoire « de base », le « point de départ » du premier tome, il vaudrait mieux lire ce qui a façonné le personnage en question et les circonstances dans lesquelles il évolue. Ceci est particulièrement vrai dans l'histoire de la jeune fugueuse dont nous retrouvons la mère, trois mois plus tard, chez elle, à bout de force, devant sa famille en ruines alors qu'elle, psychologue, est incapable de poursuivre ses travaux, paralysée par ses pensées qui tournent exclusivement autour de sa fille perdue. Le traumatisme qu'a subi cette femme se retrouve en miroir dans l'histoire de son frère, traducteur ; ce dernier s'était ouvert les poignets après avoir trahi un nihiliste aux ambitions de terroriste à clichés. Le lecteur entend à peine le bruit avec lequel les deux morceaux se soudent. Cette mécanique est fabuleusement précise et huilée à souhait. Les rouages tournent sans que l'on sache sur-le-champ quelle est la fonction de l'élément que nous sommes en train d'observer alors qu'il en fait avancer un autre, très éloigné, auquel nous n'avions pas prêté attention.

Allons voir de plus près. L'une des deux danseuses est d'origine chinoise. Elle avait été adoptée par un couple québécois. Son père a quitté le foyer sept ans plus tard. Daphné (dont la mère adoptive aime lire des romans à l'eau de rose) n'a qu'une idée en tête : retrouver non pas ses parents biologiques, mais la terre qui l'a vue naître. Elle danse afin de se payer le voyage aux sources. Dans *Âmes en peine*, nous la retrouvons dans un jeu télévisé, « Le septième ciel », où elle pourrait emporter le grand prix de cent mille dollars. Pendant qu'elle est assise sur un nuage en plastique en attendant son tour, deux garçonnets, les frères de la fugueuse, regardent l'émission, la reconnaissent et appellent leur maman : le maître de la maisonnée est celui-là même qui a abandonné sa femme et Daphné pour fonder une nouvelle famille. De fil en aiguille : le nom « Daphné » est repris d'un roman concocté par un couple d'écrivains britanniques, frère et sœur, dont la *business* consiste à produire des romans « à émotions », les mêmes que dévore la mère adoptive de la jeune Chinoise. Ce qui nous vaut une scène absolument hilarante, lors d'un *high tea* à Torquay, dans le Devonshire (« la Riviera anglaise », bien que cette dernière se trouve plutôt à Bristol, mais peu importe). Les écrivains ont engagé deux « nègres » dont ils corrigent les manuscrits.

Pour le lecteur, il n'y a pas d'issue, assis qu'il est dans une carriole en pleine course sur des montagnes russes. D'un côté, deux sujets graves, presque tragiques, où les personnages tentent de changer le destin que les Parques ont tissé. De l'autre, le couple d'écrivaillons est irrésistible de drôlerie ; j'avoue avoir lu peu de scènes aussi amusantes et cinglantes d'ironie dans un roman québécois. En même temps, nous découvrons les manigances auxquelles se livrent les éditeurs. Malgré le rire qu'il provoque, l'épisode laisse le lecteur songeur (et, soit dit en passant, moins déprimé qu'après la lecture de *BW*, de Lydie Salvayre, un rapport dévastateur sur l'industrie du livre en France, paru récemment).

Au lieu de vous broyer la cervelle, cette mécanique vous emmène tout doucement, sans que cela paraisse, là où Rioux veut que vous alliez. Aucune lourdeur, rien de forcé. Du coq à l'âne ? Pas du tout. Un sujet découle de l'autre, élégamment, comme si nous étions dans un salon à écouter ce que nos amis nous racontent. Avec Le Bout du monde comme cadre, le procédé narratif reprend en partie celui de Boccace, de Marguerite de Navarre et de tant d'autres : « À propos de ce que tu viens de dire, cela me fait penser à une drôle d'histoire... » Sauf qu'ici, la voix narrative demeure la même, en apparence du moins. Cependant, il y a des changements de registre subtils qui illustrent la maîtrise du sujet et le savoir-faire de l'auteure. Épatant de constater combien le monde est petit ! Mieux encore : même en se rappelant qu'il s'agit d'un roman, il faut convenir que les faits sont plausibles et que tout concorde. (J'y reviendrai.) Les sujets de ce qui, dans *Mercredi soir*, avait pu passer pour une série de nouvelles tous azimuts constitue en fait plusieurs romans dans le roman, des mises en abyme au rythme endiablé qui vous rendent impatient(e) de connaître la suite. C'est de la lecture au stade le plus agréablement primaire, celui du pur plaisir.

Temps, lieux, circonstances

Le premier tome se déroulait au solstice d'hiver ; le deuxième, à l'équinoxe du printemps. Il n'est pas difficile de s'imaginer à quels moments auront lieu les deux prochains volumes. Tout le monde sait que les séquences temporelles sont d'une importance capitale pour que le lecteur suive l'auteur. Il est impératif que le premier entre dans le jeu du second. Déboussolez votre lecteur, ôtez-lui la béquille du temps, vous le perdrez. À aucun moment, les analepses, les prolepses dans le texte ne portent à confusion ; chaque retour en arrière, toute projection dans l'avenir est nécessaire, planifiée, trouve sa juste place, et ce, même si l'ensemble se joue au présent, en une seule soirée. Ainsi, il faut suivre attentivement la façon avec laquelle Rioux campe les souvenirs de Liri, le compositeur presque centenaire. On l'a trouvé dans *Mercredi soir* au petit-déjeuner, assis au bord de la mer Noire, en compagnie de son secrétaire (sa nounou, en réalité) ; dans *Âmes en peine*, nous le rencontrons à nouveau dans l'avion entre Sofia et Pise. Quand on est d'un âge biblique, la mémoire courte s'efface forcément, alors que les souvenirs plus reculés dans le temps prennent le dessus et sont d'une précision souvent étonnante. Elle se vérifie dans les répétitions, qualifiées, à tort, de radotages. Mais l'auteure montre un Liri sachant parfaitement ce qu'il dit, mettant l'attention de son interlocuteur à l'épreuve pour savoir si l'autre l'écoute ou le traite en vieux gâteux. Autre exemple : quand Florence Jordan se souvient des cinq minutes pendant lesquelles elle a relâché son attention, calée dans son fauteuil sur le balcon de l'appartement de ses parents en Floride, inattention permettant à sa fille de sortir du champ de vision de sa mère, la psychologue étire chaque moment. Elle le coupe en tranches fines, ce qui se traduit par une séquence temporelle à l'infini, marquée par l'angoisse, le remords, la culpabilisation. Continuons : pendant que Daphné Laframboise se présente au concours télévisé, Liri évoque deux autres éléments liant les personnages du livre, Georgiana, duchesse de Devonshire et, partant de la scandaleuse duchesse, le parfum de *framboise*. Ou encore : au deuxième chapitre, nous rencontrons un écrivain à l'ambition démesurée, celle d'écrire une nouvelle *Divine comédie* et de commencer la sienne là où Dante s'était arrêté. Il collabore avec une libraire qui s'appelle Béatrice. Qui dit mieux ?

Comme on le voit, Rioux ne laisse rien au hasard. Le bistro où les deux passionnés de littérature se rencontrent porte le nom de Café Dante. Là, notre Béatrice moderne dit ce que beaucoup de libraires (il y en a qui lisent étonnamment peu)

auraient intérêt à écrire en lettres d'or sur une banderole suspendue en face de leur lit, à savoir «que les livres font rire et
pleurer, réfléchir, rêver [...], provoquent des émotions [...], en-
chantent [...], ouvrent la conscience [...]. Parce qu'on n'imagine
que ce qui est vrai». Cette dernière phrase, empruntée aux sur-
réalistes, devient un autre leitmotiv de ce deuxième tome qui
en est, au fond, sa continuelle et parfaite illustration.

Tout comme le temps, les lieux se forment dans la tête des
personnages. L'espace n'est jamais irréel, mais faites visiter une
pièce inconnue à une douzaine de personnes et demandez-leur
un mois plus tard de la décrire. Résultat : vous aurez autant de
descriptions différentes. Peut-être que l'essentiel y sera pour
les meubles, et encore. Je veux dire qu'à chaque nouveau lieu,
le passé, le présent et le futur se conjuguent de manière exemplaire. Nous rencontrons pour la première fois un critique de
théâtre et sa mère dans un restaurant français new-yorkais.
Tous deux sont des snobinards, délicieuses caricatures de la
grande bourgeoisie états-unienne (ils viennent d'assister à une
pièce d'une auteure qui n'est pas encore entrée en scène). Dans
ce lieu à l'atmosphère feutrée s'effectuent de brefs retours à la
maison paternelle, alors qu'en même temps s'amorce un autre
jeu, celui de la séduction, où la mère subtilise, au vu et au su
du fils médusé, l'objet de convoitise de ce dernier, un superbe
jeune Russe. Au lecteur de créer et de parfumer ces endroits,
même si Rioux donne des indications, souvent assez précises,
quant à leur matérialité.

Temps et lieux dépendent des circonstances dans
lesquelles nous rencontrons les protagonistes. C'est là où se
déploient toute l'ingéniosité et l'art de l'auteure qui dévoile, au
deuxième chapitre d'*Âmes en peine au paradis perdu*, pourquoi
elle a choisi ce titre. Il est dû à une remarque de Béatrice, la
libraire, liseuse obsessionnelle. «Âmes en peine en quête du
paradis perdu, chercheurs du Graal mythique. C'est curieux,
quand on y pense : ces bouteilles renfermant le même message,
qui flottent côte à côte sur le même océan. Deux trains qui
quittent simultanément la gare dans des directions opposées,
deux appels qui ne s'entendent pas, deux cris pathétiques
lancés par deux sourds dans le désert.» De l'absurde à la
Beckett, ce livre n'a que l'apparence (le monde pose des
questions à l'individu qui ne les comprend pas alors que lui-
même interroge le monde sans obtenir de réponses). Tout dans
ce livre est logique, cohérent. Aristote aurait du plaisir à le
lire – il le fait sans doute dans le nirvana de Rioux, à côté de
Dante, du divin marquis, du réalisateur Bob Elkis, celui que
Liri accuse d'être un hypocrite-né et qui observe les résidants
des «oubliettes» par le trou de la serrure.

Cependant, l'ensemble des personnages se trouve dans une situation d'«inconfort». Autrement dit, ils sont insatisfaits de leur existence, entreprennent constamment la recherche d'un ailleurs, pour le meilleur ou pour le pire. Ce n'est qu'au moment de la vérité qu'ils sauront s'ils ont eu tort ou raison d'aspirer à leur paradis à eux, «vérité» qui se précisera au troisième volume et prendra sa pleine mesure au fil du quatrième. Pour ce qui est de Daphné, gagnera-t-elle ses cent mille dollars pour retrouver – mais quoi? – en Chine? La jeune fugueuse, rejoindra-t-elle sa famille ou sera-t-elle assassinée par un individu qui l'a reluquée dans un McDo près du condo de ses grands-parents? Qu'écrira le critique de théâtre après avoir été floué par sa mère et qui perd d'un coup ses allures ridicules d'émule proustien? Qu'arrivera-t-il à Liri en arrivant à Pise, et quand rejoindra-t-il Elkis au nirvana? Qu'est-ce qui attend les écrivaillons britanniques? Le cahier que leur a laissé le père avec ses notes sur tous les crimes possibles de la modernité, leur servira-t-il ou est-ce plutôt à Béatrice de le lire, l'égérie de l'homme (encore) sans nom qui veut écrire sa nouvelle *Divine comédie*? Quelle sera la suite de la rencontre entre le hippie et son ténébreux visiteur au refuge? J'ai failli laisser de côté Eva Williams qui veut épouser un tueur en série. Cette femme est l'exemple parfait de la théorie concernant «l'âme missionnaire» de certaines femmes, théorie décrite dans un livre de notre psychologue F. Jordan, et traduit par une connaissance de Williams. Mais quel genre de noces réservera le sort à cette missionnaire? Pourquoi la critique Victoria Karr chasse-t-elle la nuit des recettes inconnues et inédites dans un boui-boui comme Le Bout du monde, elle qui a goûté aux mêmes mets que d'autres intervenants (arlequinade à Calvi en Corse, ribollita à Pise)? En écrivant son «Histoire de la gourmandise», la super poutine du resto montréalais qui la fait déjà saliver sera-t-elle enfin révélée au monde entier comme étant la spécialité québécoise (qui est, soit dit en passant, l'objet réel et drôle de publication d'une jeune maison montréalaise par ailleurs très sérieuse)?

Les dés sont en train de rouler, mais s'ils roulent, c'est parce que ceux qui les ont jetés en ont assez du monde dans lequel ils vivent si mal. Tous ont l'idée et l'ambition de retrouver le paradis qu'ils croient avoir perdu: «L'imagination est une forme de vérité», dit Liri. «L'imagination est la seule vérité» selon Andy le critique, et ainsi de suite. Béatrice, la liseuse, a raison: nous sommes tous en quête du Graal; la vie est immensément ennuyeuse. Alors les personnages du roman aspirent à une autre et, faute de mieux, rêvent d'une existence différente, bien plus vraie que celle dans laquelle ils se débattent. Ainsi, certains d'entre eux deviennent disciples de Netchaïev le révolutionnaire ; d'autres écriront des best-sellers qui sont vraiment de la littérature ; d'autres encore subissent des épreuves, connaîtront la rédemption, deviendront Pamina et Tamino, seront princes ou princesses ; l'immortalité attend pour une chanson ; un Canadien sortira une jeune mère à la cuisse légère de sa misère sur une plage en République dominicaine alors que la jeune fugueuse rejoindra ses amies au party de Noël, si incontournable, et au diable la famille que l'on hait même si vous adorez votre maman qui vous subtilise sous le nez le plaisir d'une nuit.

Réinventer la vérité

Il est frappant de constater combien le ton de ce livre – et du précédent – est juste. Il *semble* demeurer le même, celui d'un roman familial à l'autre, mais regardez-y de plus près. Certaines séquences ont été rédigées dans une langue plutôt neutre (Béatrice et la nouvelle *Divine comédie*, le hippie révolutionnaire), d'autres portent des accents drôles ou sarcastiques (le critique de théâtre, les écrivaillons et leurs nègres). Ailleurs, ces séquences sont soutenues par un son aux vibrations amples, « re-posant » les aigus et les notes discordantes du récit (Daphné, John Paradis [!] et Concha en République dominicaine, Florence Jordan et sa fille Fanny, Eva Williams la missionnaire, le hippie du Lost Paradise, le poète François dans sa deuxième lettre à son ami Stéphane Gélinas, le peintre tué dans un accident). Vous pouvez préférer tel ou tel chapitre-roman ; ils ont tous leur sonorité propre, mais demeurent guidés par un même style : mots choisis avec soin, parfois des québécismes qui tombent à point nommé (« magané » revient, bien que dans une graphie inhabituelle, si l'on se réfère à la pièce de R. Ducharme). Il y a des trouvailles dans les métaphores, des phrases simples et, surtout, ce souffle du coureur de fond, court mais régulier, qui vous incite à poursuivre. Du coup, le lecteur ne se pose plus de questions sur « l'effet de réel », il l'oublie tout en sachant que les événements sont inventés mais qu'ils *pourraient* avoir lieu, sous cette forme ou une autre. Bref, il se livre au « merveilleux » surréaliste, il fait confiance à l'auteure, il s'abandonne et s'émerveille devant l'audace de l'entreprise. Les personnages vivent, ils sont là, autonomes, ils évoluent selon leur logique et tant pis pour vous s'ils ne vont pas dans la direction qui vous semble plus plausible. Laissons-les à leurs phantasmes, délires, souvenirs, espoirs, tristesses, rêves, passions, secrets – à leur vérité à eux.

À Hélène Rioux, merci de n'avoir pas bifurqué dans le domaine du polar – ce qui aurait été possible avec des événements et des personnages de ce gabarit. Le polar a la cote, on le sait, comme le récit sur la mère, le père. Le deuxième volet de ce projet admirable bat aisément ce qui est à la mode. Il contient *in nuce* ce avec quoi d'autres écrivains séduisent le lecteur d'aujourd'hui par des récits qui touchent souvent leur personne même. Ces livres-là se trouvent parfois aux limites de la paralittérature – il y a des exceptions, chez les grands écrivains, les grandes écrivaines quand ils parlent de leur mère et de sa mort, comme F. Chandernagor, par exemple. Mais parions qu'ils seront oubliés dans quelques années. Si les tomes trois et quatre tiennent les promesses des deux premiers, ces *Fragments du monde* nous accompagneront longtemps, très longtemps. Les défis que se pose Hélène Rioux sont vertigineux, les attentes écrasantes, l'impatience de poursuivre la lecture, énervante. C'est le lot de tout écrivain accompli.

Hans-Jürgen Greif

Suzanne myre
Dans sa bulle, roman
Marchand de feuilles, 2010, 411 p.

Ce qui caractérise la manière d'être de cette romancière est sans doute la désinvolture. Elle nous avait habitués à ce ton et à ce rythme dans ses nombreux recueils de nouvelles publiés précédemment, toujours assez bien reçus par la critique. Mais ici, avec *Dans sa bulle*, elle fait preuve d'une maîtrise hors du commun. Chaque chapitre, relativement court, donne à lire quasiment une nouvelle; Suzanne Myre les égrène en un chapelet romanesque très bien ficelé. On pourrait même se permettre de parler de rosaire romanesque tant les quêtes qui s'y inscrivent et s'y entrecroisent sont évoquées avec urgence et désir de réalisation : la quête d'amour (aimer et / ou être aimé, l'une déçue, l'autre exaucée), la quête du père (cet autre objet de miracle autant fantasmagorique que le précédent), enfin, la quête de la sérénité, et celle-là dans la dépense obstinée d'un trop-plein d'énergie ou d'angoisse, c'est selon : le vélo, la natation, le travail, la répartie cinglante, etc. Mais ce qui compte avant tout pour un lecteur averti, c'est de ne pas se laisser séduire par le ton légèrement délinquant des narratrices, tantôt l'héroïne elle-même, Mélisse, tantôt une voix off qui commente et fait avancer le récit avec détachement.

Je connais bien l'auteure et ses réparties loufoques. Je connais bien également le milieu hospitalier fréquenté par ses personnages. Elle aime les vieux, pensez donc, et compatit avec un naturel déconcertant à leurs douleurs et à leur solitude. Elle aime les jeux de mot aussi, les blagues un peu loufoques, les coïncidences un peu trafiquées dans le fil de la narration. Cette apparente légèreté fait en sorte que les commentaires critiques encouragent les lecteurs à se payer une lecture d'été divertissante. Suzanne Myre traite de sujets sérieux, nous laisse-t-on comprendre, mais elle ménage ses lecteurs en adoptant un style cool. Le meilleur exemple est sans doute ce chapitre au cours duquel la narratrice vient sonner à la porte du médecin d'un certain âge qui l'a invitée à manger chez lui ; le lecteur sait que ce médecin est en réalité son père et qu'il tarde à le lui dévoiler ; il lui ouvre et lui apprend tout de go que son vieux chat Frigo vient de mourir ; cette surprise pour le moins source de compassion entraîne une situation et un dialogue des plus comiques à propos de ce pauvre chat, de la nécessité ou non de le déposer dans le congélateur, de trinquer dans le deuil, etc.

> — *Anxiolitiques, antipsychotiques ; est-ce qu'il est schizo-phrène ou quoi ?*
> — *Je n'en sais foutre rien. Oui, je vais en reprendre. Vous avez prévu quelque chose pour manger ou quoi ? Sinon, je vais aller acheter une autre bouteille. Ou alors, on mange Frigo ? Excusez-moi, ce n'est pas fin, vous n'êtes pas obligé de rire. Donc, mon ami est psychotique, d'accord, belle nouvelle. Il a presque épluché le clitoris de Pénélope avec mon épluche-patates.* (p. 304)

Ce chapitre est une véritable pièce d'anthologie. Avec de telles prouesses et une foule d'éléments à relever, on peut se demander pourquoi les chroniqueurs sont si paresseux et se limitent à interviewer l'auteure sur son roman, laissant à cette dernière le soin de se présenter, d'expliquer elle-même ce qu'elle a fait, de faire la drôle en révélant des éléments autobiographiques saugrenus (son nez, sa taille, ses amours, ses lectures, ses allergies, sa flopée d'angoisses de toutes sortes).

L'auteure expliquait d'ailleurs à une journaliste qu'elle ne cherchait pas trop à analyser la psychologie des personnages, par exemple, que leur profondeur ne se trouvait pas dans les mots, mais plutôt dans les situations et les relations qu'ils entretiennent entre eux. Elle privilégie donc les actions, les déplacements, et surtout les dialogues, nombreux et très vifs, les réparties inattendues, etc. Le récit commenté est confié à une narratrice qui s'adresse directement au lecteur en lui fournissant des informations sur ces pantins qui s'agitent allègrement : la collègue nymphomane révèle la pharmacopée de l'ancien amant jaloux, le vieux un peu philosophe et coquin se trouve être le père du nouvel amoureux, le médecin fraîchement muté en gériatrie se révélera être le père (le maillon manquant) de notre sympathique héroïne, etc.

On ne s'ennuie certes pas en compagnie des personnages de Suzanne Myre. On est toujours sur la corde raide de l'humour, de la caricature, de la farce ; l'illustration de la couverture nous amène d'ailleurs sur ce terrain fertile de la légèreté, à laquelle nous ont habitués bon nombre de jeunes écrivains, notamment Mélanie Vincelette, son éditrice, François Blais et ses bavardages sans fins, le *Lectodôme* de Bertrand Laverdure qui nous pousse dans toutes les directions, et j'en passe. Esprit sérieux s'abstenir. N'empêche que cet humour « féminin » et contagieux est très séduisant. J'attends avec impatience le prochain roman de Suzanne Myre. Ne serait-ce que pour me faire surprendre.

Robert Giroux

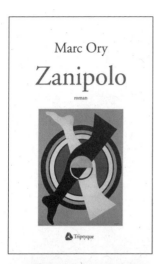

Marc Ory
Zanipolo
roman, 129 p., 18 $

Dans la Venise fastueuse du XVIIIe siècle, un mystérieux personnage bouleverse la scène musicale de la ville. Est-ce un monstre ou une merveille ? Qui est-il ? D'où vient-il ? Son apparition met la ville sens dessus dessous. Une idylle se noue entre cette étrange créature et une jeune soprano. L'Inquisition s'en mêle. Survivront-ils au cataclysme qu'ils ont déclenché ? Le peintre Francesco Guardi, au crépuscule de sa vie, se remémore ces folles années et vit un rêve, le temps d'un concert. Un roman d'une écriture somptueuse, où s'entrecroisent mystère, humour et exubérance.

Lucie Ledoux
Un roman grec
roman, 106 p., 18 $

Voici l'histoire d'une enfant dans un quartier méconnu de Montréal. Parc-Extension est le quartier multiethnique par excellence : Juifs, Grecs, Haïtiens, Tamouls y transitent. Minoritaire en tant que Québécoise francophone « pure laine » dans un environnement majoritairement grec, la narratrice y passe les dix-huit premières années de sa vie.
Ce récit doux-amer nous met face aux questionnements sur l'identité, au fossé des perceptions et des communications entre le monde de l'enfance et celui des adultes.

Fannie Langlois
Une princesse sur l'autoroute
roman, 132 p., 18 $

Le long d'une autoroute entre Trois-Rivières et Montréal, une jeune femme avance, pieds nus. Un homme la retrouve évanouie et la prend à bord de sa vieille Ford. Revenue à elle, Laïka se rappelle s'être échappée d'un laboratoire où elle était soumise à d'incompréhensibles expériences.
Une princesse sur l'autoroute entrecroise les univers contemporains et médiévaux, les secrets et destins de femmes menacées. Il en résulte une atmosphère onirique pleine de mystère, portée par une écriture évocatrice et captivante.

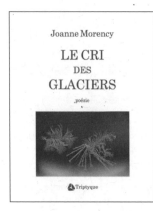

Joanne Morency
Le cri des glaciers
poésie, 63 p., 15 $

la mer
trop grande sous la peau

Une île à la place du cœur. Une fissure qui traverse le corps. Des peuples à la dérive. Et tous ces dieux qui s'entretuent.
L'attente d'un tout.

on t'invite à soulever le contour de ton ombre
à transporter le jour sous tes paupières

il reste une telle lumière
dans le miroir qui porte le monde

Aimée Verret
Ce qui a brûlé
poésie, 76 p., 15 $

Ce qui a brûlé brosse le portrait, fidèle parce que fragmentaire, d'une jeune femme confrontée à ses craintes. Les poèmes courts et denses qui le composent forment un carnet d'instantanés, d'êtres aimés et de lieux habités, qui deviennent les clés d'une identité aux multiples visages. À mesure que l'image se révèle, passé, présent et futur se fondent en un condensé de réel sur papier argentique. Un poème, une photo, une jupe ; autant de manières de dire le monde, de l'écrire.

Michel Côté
L'intranquille gravité
poésie, 78 p., 16 $

Le visage enduit de fard, les danseurs regardaient l'espace entre la mort et la vie. Lentement, très lentement, le buste vers le ventre, vers les pieds, les pieds vers l'intérieur, ils répétaient les gestes persuasifs de l'impossible. À mon tour j'apprends ce métier qui n'existe pas. J'efface certaines traces. Il me reste où aller, quelque part où nous n'allons plus. Une espèce de confusion heureuse, à la manière d'un envahissement, aussi loin, jusqu'à n'être plus ce qui reste.

Annie Cloutier
La chute du mur
roman, 317 p., 15 $

Dans les jours qui suivent la chute du mur de Berlin en 1989, Liv, jeune Québécoise venue étudier en Allemagne, est invitée chez une amie à Winterhüde, une banlieue cossue de Hambourg. Le matin du 11 septembre 2001, sur les quais de Jersey City, Sabine observe stupéfiée les tours enflammées de Manhattan. Entre ces deux dates, chacune en son temps, mère et fille suivent un parcours initiatique où la résilience, l'apprentissage et les liens solides de l'amour se vivent au plus fort du tourbillon qu'a été l'Histoire occidentale récente.

Joël Des Rosiers
GAÏAC
poésie, 112 p., 25 $

car ma langue est pleine d'ancêtres
que les mots ont sauvés
des îles je me sépare
en des fleurs qui s'inhument
et chaque homme en son périple
va vers la jeune fille à nul autre destinée
qui cherche sa voix
revenue des morts et les naissances
la lumière respirant sur son visage

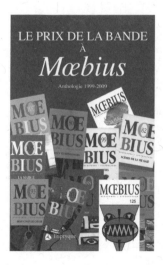

Le prix de la bande à *Mœbius*
nouvelles, 126 p., 18 $

L'année 2009 marquait les dix ans du Prix de la bande à *Mœbius*. Ce prix, qui récompense le meilleur texte (poème, récit, essai) paru dans *Mœbius* au cours de l'année, est décerné par un jury formé de trois personnes extérieures à l'équipe éditoriale de la revue.
Pour souligner cet anniversaire et saluer, tour à tour, la rigueur et l'ouverture d'esprit des jurys qui se sont succédés depuis dix ans, l'excellent travail éditorial des pilotes de chacun des numéros et, par-dessus tout, le grand talent des écrivains lauréats, nous avons voulu rassembler et publier ces textes primés qui forment en quelque sorte la quintessence, «la crème de la crème» de ce que la revue *Mœbius* offre à ses lecteurs depuis 10 ans.

Jean Sébastien Marsan
Le Petit Wazoo
Initiation rapide, efficace et sans douleur à l'œuvre de Frank Zappa
essai, 173 p., 25 $

L'ouvrage *Le Petit Wazoo* se veut une initiation à l'oeuvre de ce compositeur hors normes. Il ne s'agit pas d'une biographie, mais bien d'une visite guidée dans les sentiers de la jungle zappaïenne. L'information y est présentée sous la forme la plus didactique possible. La première moitié du manuscrit s'adresse au novice qui désire découvrir Zappa en s'appuyant sur ses préférences musicales. La seconde moitié du livre est une chronologie détaillée de la vie et l'oeuvre de l'artiste, faisant la synthèse des meilleurs essais et biographies publiés depuis les années 1970.

Jacques Julien
Archiver l'anarchie
Le capital de 1969
essai, 140 p., 22 $

À première vue, rien de plus opposé que l'archive et l'anarchie. L'une est compromise avec toutes les hiérarchies, l'autre n'est jamais à court d'inventions pour dresser le poing contre toute autorité. À partir de trois «icônes» de 1969 : la célèbre photo du trio Brassens, Brel et Ferré à Paris, l'image de John Lennon et Yoko Ono à Montréal lors du bed-in de «Give peace a chance» et, enfin, l'affiche du festival de Woodstock, Jacques Julien observe leur coexistence dans la chanson populaire et leur fortune médiatique.

Philippe Gaulin
Freud et l'affaire de l'inconscient
(Psychanalyse du virtuel)
essais, 172 p., 25 $

Philippe Gaulin complète avec cet ouvrage le troisième volet d'une trilogie qui met en lumière les significations de la notion d'inconscient en fonction de trois points de vue complémentaires qui permettent d'avancer dans l'étude et la compréhension de notre société

1 an/4 numéros (ttc)

INDIVIDU	INSTITUTION
Canada 30 $	Canada 40 $
Étranger 40 $	Étranger 50 $

2 ans/8 numéros (ttc)

INDIVIDU	INSTITUTION
Canada 55 $	Canada 75 $
Étranger 75 $	Étranger 95 $

3 ans/12 numéros (ttc)

INDIVIDU	INSTITUTION
Canada 75 $	Canada 105 $
Étranger 105 $	Étranger 135 $

Visitez notre site Internet :

www.xyzrevue.com

BULLETIN D'ABONNEMENT

Nom

Adresse

Ville

Code postal   Téléphone

Courriel

Ci-joint   ○ Chèque   ○ Visa   ○ MasterCard

N°   Expire le

Signature   Date

E

RETOURNER À : XYZ. LA REVUE DE LA NOUVELLE
11860, rue Guertin, Montréal (Québec) H4J 1V6
Téléphone : 514.523.77.72 • Télécopieur : 514.523.77.33
Courriel : info@xyzrevue.com • Site Internet : www.xyzrevue.com

MŒBIUS

ÉCRITURES /LITTÉRATURE

Tarifs d'abonnement (taxes incluses)
4 numéros /1 an

Individu:	• au Canada	1 an: 30 $	2 ans: 55 $
	• à l'étranger	1 an: 50 $	2 ans: 95 $
Institution:	• au Canada	1 an: 55 $	2 ans: 100 $
	• à l'étranger	1 an: 90 $	2 ans: 170 $

La collection complète (environ 115 numéros):
- au Canada   individu: 200 $
  - institution: 250 $
- à l'étranger   individu: 225 $
  - institution: 275 $

La collection complète et un abonnement d'un an:
- au Canada   individu: 230 $
  - institution: 305 $
- à l'étranger   individu: 275 $
  - institution: 375 $

Adressez votre chèque ou mandat-poste au nom de:
MŒBIUS
2200, rue Marie-Anne Est
Montréal (Québec)
H2H 1N1 Canada
Tél. et téléc.: (514) 597-2335
Courriel: triptyque@editiontriptyque.com
Site Web: www.triptyque.qc.ca

Nom : _____

Adresse : _____

Courriel: _____

Tél. : _____

Je m'abonne à partir du numéro _____

Je désire recevoir la collection complète ☐

Je désire recevoir la collection complète
et un abonnement d'un an ☐

LE POÈME EN REVUE

BULLETIN
D'ABONNEMENT

ABONNEMENT
pour cinq (5) numéros par année
toutes taxes incluses

TARIF
au numéro : 11,50 $

ABONNEMENT
régulier 41,41 $ ☐ / à l'étranger 51,76 $
transport inclus

NOM :

adresse :

code postal :

téléphone :

télécopieur :

courriel :

veuillez m'abonner à partir du numéro :

CP 48774, Outremont (Québec) H2V 4V1

COURRIEL / administration@estuaire-poesie.com
SITE \ www.estuaire-poesie.com

JE M'ABONNE ET J'ÉCONOMISE

1 an/4 numéros

Régulier...41,41 $ ☐

Étranger *(Transport inclus)*......................69,02 $ ☐

En librairie...................................,....... 11,50 $
(les taxes sont incluses dans les prix)

Téléphone : (514) 721-5389

Internet : http://www.exit-poesie.com

Courriel : administration@exit-poesie.com

Je désire m'abonner ( )   me réabonner ( )

À partir du numéro en cours ( ) ou du numéro_____

Nom : _____

Adresse : _____

Ville/Province : _____

Code postal : _____ Téléphone : _____

Télécopieur : _____

Courriel : _____

Je paye par chèque ( )   Visa ( )   Mandat ( )

N°: _____ *Expiration :* _____

Signature : _____

Payable à l'ordre de :
Revue EXIT/ Éditions Gaz Moutarde inc.
C.P. 22125, C.S.P. Saint-Marc, Montréal (Qc), H1Y 3K8

POLAR NOIR MYSTÈRE

Vous aimez les bonnes histoires policières ? Quatre fois l'an *Alibis* vous offre les meilleurs textes du genre !

ALIBIS
Polar, Noir & Mystère

N° 36

Des fictions de
François Lévesque
et
Dennis Richard Murphy
(Arthur Ellis 2010).
Une aventure du
Domino Noir,
par **Michel Darien.**

TOUT SUR LE POLAR CANADIEN-ANGLAIS
Norbert SPEHNER
LE POLAR DANS LES MUSÉES
André JACQUES

ET LES FICTIONS DE
Michel DARIEN
François LÉVESQUE
Dennis Richard MURPHY

N° 36   10 $

Et les articles :
« Du sang neuf
sur la feuille d'érable »
par Norbert Spehner et
« Le Crime s'expose »
par André Jacques

• FICTIONS • CHRONIQUES • LECTURES • NOUVEAUTÉS •
et un complément gratuit téléchargeable au
www.revue-alibis.com

GARANT DES FORÊTS
INTACTES

Tous les numéro de la revue *MŒBIUS* sont désormais imprimés sur du papier 100 % recyclé postconsommation (exempt de fibres issues des forêts anciennes) et traité sans chlore.

L'impression du numéro 127 de la revue *MŒBIUS* a permis de sauvegarder l'équivalent de 6 arbres de 15 à 20 centimètres de diamètre et de 20 mètres de haut. Ces bienfaits écologiques sont fondés sur les recherches effectuées par l'Environmental Defense Fund et d'autres membres du Paper Task Force.

Marquis imprimeur inc.

Québec, Canada
2010